ムダな保険料は払うな！

おカネが貯まる保険節約生活術

阿野頼久
Yorihisa Ano

WAVE出版

プロローグ

「保険は人任せにはしたくないが、自分で勉強するのも嫌だ」。

「きっと必要なんだろうけど、何か損をしているような気がする」。

「見直しを自分でしたいが、保険は難しいし、時間をかけたくない」。

今、本書を手に取ったあなたは、生命保険に対して、おそらくこんな気持ちを持っているのではないだろうか。そしてそれは、平均的な日本人の生命保険に対する気持ちなのではないだろうか。

インターネットで生命保険を提供するライフネット生命が、2008年9月に実施した調査結果がネットで公開されているが、そのデータからも、多くの日本人がこのような保険に対する気持ちを持っていることが推測できる。

この調査は、生命保険に加入している20代から50代の男女1000人を対象にして行ったもので、それによると、

「自分が加入している生命保険の内容を理解できない人は、83・9%」

出典　「生命保険加入者1000名に聞く、生命保険加入実態調査」
（2008年8月～9月 ライフネット生命株式会社実施。
20代～50代の男女1000名の生命保険加入者を対象に、
同社ホームページ内に結果を公開。）

Question 4

**加入している
生命保険を
見直したいですか？**

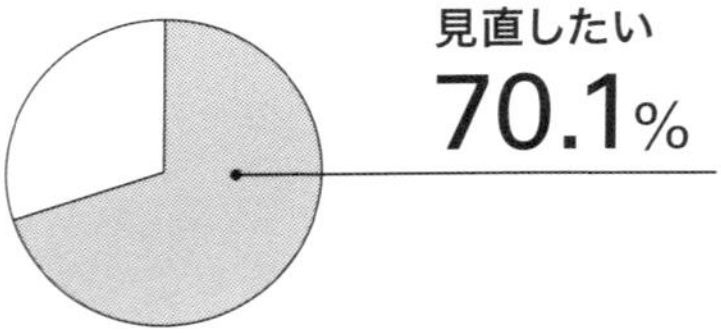

Question 5

**生命保険会社の
営業マンの
イメージ**

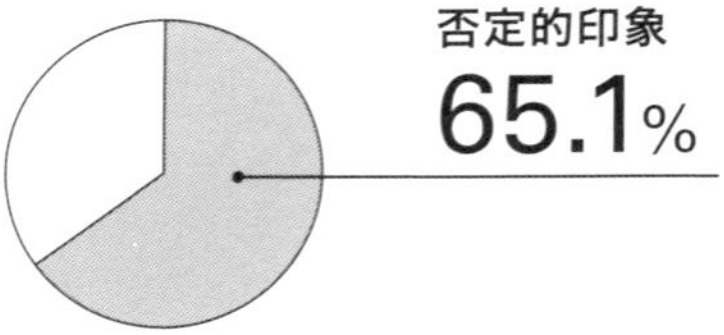

Question 6

**生命保険の
加入経路**

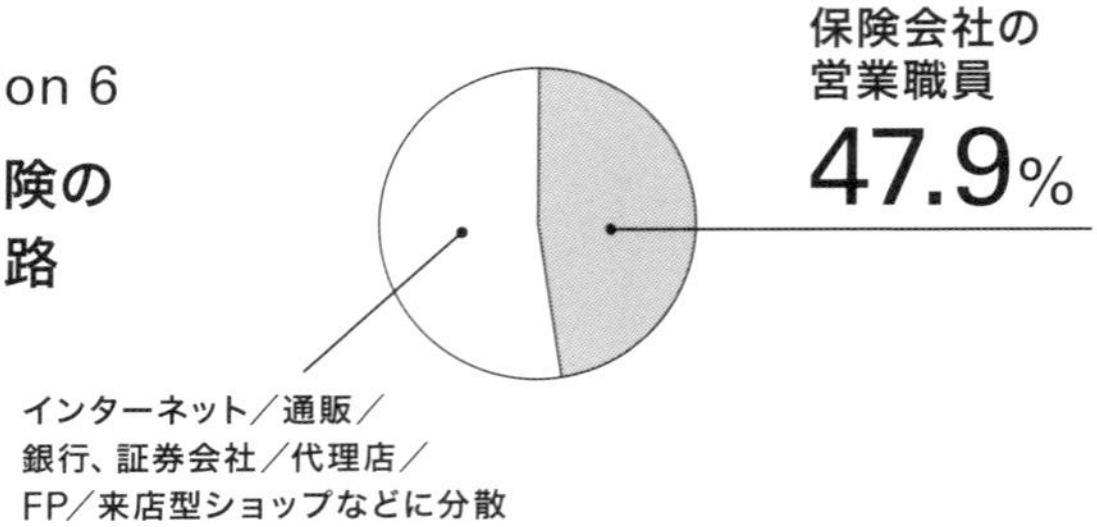

「1000人の保険加入者にききました！」

Question 1

あなたは自分の生命保険を理解してますか？

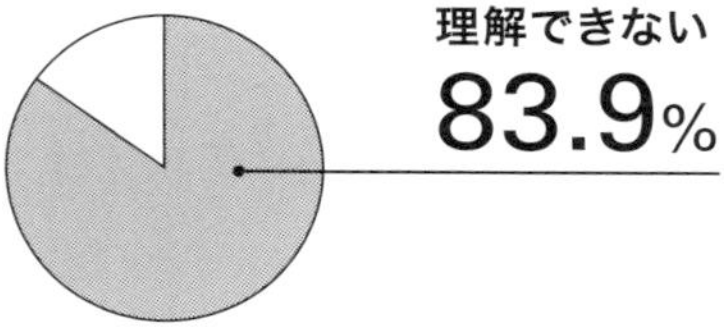

Question 2

自分の理解度に不安を感じますか？

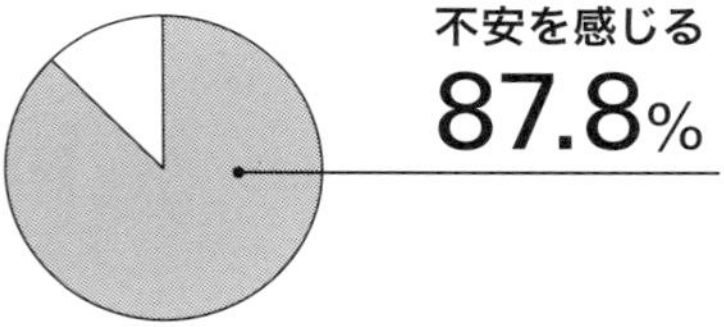

Question 3

自分の生命保険に不満を感じますか？

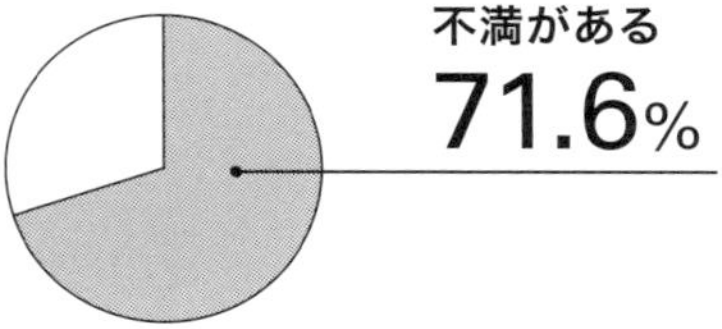

「そしてそのことに不安を感じている人は、87・8％」

「自分の生命保険に不満を持っている人は、71・6％」

「加入している生命保険をこれから見直したい人は、77・3％」

という数字が出ている。さらに、

「保険会社の営業職員に対してネガティブな印象を持つ人は、65・1％」

「営業職員から保険に加入している人は、47・9％」

というデータからは、ネガティブな印象を持ちながらも、半数の人は保険会社の営業職員から保険に加入している実態が見えてくる。


つまり、日本人の9割が生命保険に加入している現在、その多くの人は、自分の入っている生命保険の内容がよくわからず、不満、不安を持っていて、見直しもしたいが、保険会社の営業マンに聞くのはわずらわしく、どうしたらいいのか解決策を見いだせずに困っている、いわゆる〝保険難民〟になっているのである。本書は、そんな〝保険難民〟のために書かれたもので、難しいといわれる生命保険をできるだけやさしく、しかもどうすればいいのかという解決策を中心に解説することを心がけた。

本書のメッセージはシンプルである。

「生命保険は、本当に必要最低限に加入すればいい。すでに、必要最低限以上に加入している人は解約しよう。生命保険なんかのことで無駄に不安になったり貧乏になったりするのは、もうやめよう」。これに尽きる。

これまで、「生命保険の本なんか読みたくない」、「自分で勉強するのは面倒だ」と思っていたような人にも、必ずや手に取っていただけるように書いたので、ぜひあなたとあなたの家族の生命保険を考えるための一助に利用していただきたいと願っている。

最後に私自身のことを少しだけ書かせてもらうと、私はもともと経済・金融系のジャーナリストとして生命保険の売り方に疑問を抱き、自ら外資系生命保険会社に就職して、営業マンの教育や販売手法の実態を確かめ、さらに大手乗合保険代理店の営業マンを経て、現在はファイナンシャル・プランナーとして保険相談や文筆活動を生業としている。自分の体験を、保険で悩む方々に役に立ててもらいたいという気持ちが強く、このたび本書の執筆の機会に恵まれたという次第だ。

繰り返しになるが、本書のメッセージはいたってシンプルである。

「生命保険は必要最小限にしよう。保険で貧乏になるのはもうやめよう」。そのための具体的な方法を説明するので、どうか最後までお付き合いいただきたい。

目次

第2章　知らないと〝大損〟する危険がいっぱい！

第3章　外資系生命保険会社の〝ワンパターン洗脳トーク〟にご用心！

第4章　あなたにピッタリの保険リストラ術

第5章　ムダな保険料を払わない保険の買い方

第1章

そもそも本当にあなたには生命保険が必要なのか?

「床屋に行って
散髪した方がいいかを聞くな!」
by ウォーレン・バフェット

第1章では、生命保険は宝くじと同じ仕組みであることや、だからこそ必ず損をするということ、必要な人だけが必要最低限に入ればいいということなどの話をします。さて、あなたには生命保険が本当に必要なのでしょうか?

私が以前、外資系生命保険会社に就職した時、営業研修の初日に講師が話した言葉を今でもはっきりと記憶している。

「生命保険は宝くじみたいなもの。あたれば大もうけだけど、ほとんどの人ははずれるんだよ」。

その年老いた講師は、そう言い放って臆面もなく笑っていた。その時感じた「とんでもない世界に入ってしまった」という印象は、今でも鮮烈に脳裏に焼き付いている。

実際、生命保険と宝くじは、その基本的な仕組みがほとんど同じであることに間違いはない。どちらも加入者や購入者からお金を集め、そこから保険会社や胴元が運営費や利益をしっかりと抜いて、残りを〝当選者〟に分配するシステム。どんな時にも、保険会社や胴元が必ず儲けるビジネスモデルであり、わずかな確率で得をする〝当選者〟以外は、必ずみんなが損をする設定になっているのである。

宝くじでは、当選者とは当選番号券を買った人のことだが、生命保険での、〝当選者〟とは、すなわち死亡や病気などの不幸に襲われることを意味する。つまり生命保険とは、購入する人が「どうか当選しませんように！」と祈りながら、損を覚悟で買う、おかしな宝くじなのである。

そういうわけで、生命保険に加入するにあたって、まず知っておかなければいけないことは、「自分は加入した分だけ必ず損をするのだ」ということ。そして損をすることによって、「金銭的な安心」を自分は買ったのだと覚悟することだ。

このように生命保険が必ず損をする仕組みである以上、「生命保険で損をしたくない」と思うのなら、そもそも一切の生命保険に加入しないことがもっとも合理的で唯一の方法だといえるだろう。宝くじも生命保険も、購入すればするほど、家計は確実に苦しくなっていく。しかし、損をしても、家計が苦しくてもなお、人生にはどうしても生命保険が必要だというタイミングがある。つまりある条件がそろった人にとっては、生命保険には確実なニーズがあるのだ。損をすることがわかっていても、この商品がなくならないのはそのためなのだ。

しかも困ったことに、生命保険が本当に必要なのは、実はお金がない人たちだ。いつ死んでも、残された家族が何も困らないような資産家には、生命保険など全く必要ない（もちろん、相続税対策といった側面で、資産家にも生命保険が必要になることはあるが、保険本来の機能とは別のことなので、本書ではそこは考慮しない）。その反面、一家の大黒柱に何かあると、間違いなく、家族が路頭に迷うような資金的な準備がない人、貯金もできなくて、当然、生命保険に加入する余裕のないような人にこそ、いざという時のために生命保険が必要になる。生命保険とは、そんな厄介な商品なのだ。家計が苦しい小市民が、何とか毎月の保険料をやりくりして、しかも損をすることを覚悟して加入する。それが生命保険なのである。

だとすれば、生命保険は、まずできるだけ無駄なく合理的に加入することが大事であることはいうまでもないし、それ以前に、本当に必要なのかどうかをきちんと考えてみることが大事だということも理解していただけるはずだ。

そこで、本章では、まず生命保険の必要性について、具体的に考えてみたいと思う。

床屋に散髪の必要性を聞くな！

生命保険について、いかにも常識のように語られ、信じ込まれていることがある。しかしそれらのほとんどは、実は生命保険会社が自分たちの営業にとって都合のいいように作り上げた、かなり〝まゆつば物〟のキャッチフレーズだ。例えば、

「がんは日本人の2人に1人がなる」

「掛け捨てよりも、貯まる保険の方が得だ」
「入院1日目から保障が出るので安心」
「保険は若いうちに入っておけば保険料が安くてお得」
「この保険はボーナスが出るのでお得」

等々だ。おそらく読者のみなさんも、こうしたフレーズを日常、耳にしたり目にしたりしたことがあるのではないだろうか。しかし、どれ1つ取っても、保険会社のためにこそなっても、お客様である消費者には誤解を招くフレーズばかり。これらはすべて、生命保険会社が消費者の危機感を煽り、そして生命保険のお得感を演出するセールストークである。こうした演出に騙されて、多くの人たちが、自分にとっての生命保険の必要性を見えなくされているのである。

商品に形のない生命保険は、売る側の保険会社にとっては、消費者にイメージしてもらうことが一番肝心な営業手法である。目に見えない生命保険という商品が「自分にとって必要なものなのだ」という幻想を抱かせることができれば、営業は大成功なわけだ。

昨今では、外資系生命保険会社の男性営業マンが、パソコンを駆使して、「あなたの必要保障額を算出しましょう」という、一見、理論武装された営業トークを使う。これも

「必要」保障額という言葉を使うことで、買う側に「本当に必要なんだ」という意識を植え付ける。非常に巧妙なセールス手法である。外資系生命保険会社の営業手法については、第3章で詳述する。

さて、最初のキャッチフレーズ。「がんは日本人の2人に1人がなる」は、医療保険やがん保険のパンフレット類によく使われている言葉だが、これは限りなくウソに近い表現だ。そのため誇大広告の疑いも出て、最近では、パンフレット類に堂々と書かれていることは少なくなってきた。しかし、すでにこの言葉自体が一人歩きを始めてしまっている。

確かに、生涯を通じて見れば、この表現はウソではない。「独立行政法人国立がん研究センター」の2005年のデータを見ても、生涯を通じて見れば男性のがん罹患率は54%、女性は41%という数字が出ている。しかし、例えば60歳までで見ると、男性のがんの罹患率は7%に過ぎない。70歳まででもまだ19%、80歳まででやっと37%。生涯を通して初めて54%となる。

つまり、確かに「生涯では2人に1人だが、60歳までだと100人に7人、70歳までで も5人に1人しか、がんには罹患しない」というのが正しい。でも、60歳までに100人に7人と聞いたら、きっとがん保険の加入率は今よりも下がってしまうだろう。「必要ないかも」と感じるからだ。だから生命保険会社は、あえて年齢のことなどいわずに「2人に1人」というインパクトだけを利用するのである。

2番目のキャッチフレーズ。「掛け捨てよりも、貯まる保険の方が得だ」。これにいたっては、今度は正真正銘のウソである。そんなことは全くない。そもそも〝得〟ってどういう意味なのか。貯まるといっても、何もせずに勝手に貯まるわけではない。貯まる保険は、貯まる分を我々が支払っているのである。掛け捨ては、その分の支払いがない分、保険料は安い。しかも生命保険会社は、貯まる分からもしっかりと手数料を取るので、貯まり方にしても、消費者にとっては得であるといえる要素はない。5番目の「ボーナスが出る」という表現も同様である。ボーナスというと、誰かが出してくれるかのような誤解を招くが、そのボーナスの原資は、保険の契約者が自ら毎月保険料という形で支払っているのだから、それがもらえるのは当然のことであって、得なことではない。

3番目のキャッチフレーズ。「入院1日目から保障が出るので安心」も、保険の役割を考えるとおかしいことに気が付く。あなたはたった1日の入院のために保障が必要なのだろうか。保険に入るということは、大病をして入院が長引き、費用がかさむのが心配だから、そのために入るはずだ。たった1日や2日の入院のために、毎月毎月保険料を支払っているのではないだろう。従来の医療保険は、入院5日目からしか保険金が出ないタイプが主流だった。しかし、昨今では、入院1日目から、保険金が出る保険が増えている。しかし、本当にそれは保険として必要なのだろうか。はなはだ疑問である。こうした口あたりのいいフレーズに、騙されてはいけない。

4番目のキャッチフレーズ。「保険は若いうちに入っておけば保険料が安くてお得」には、2つの意味合いがある。1つは、若いうちは死亡する確率も低いので、保険料も安いが、保険会社が保険金を支払う可能性も少ないだけのこと。これをお得と呼ぶのかどうか。もう1つは、若い時に契約すれば、払い込む期間も長くなるので、1回分の支払いは当然安くなる。クルマをローンで買って、20回払いと60回払いでは、60回払いの方が月々の支払いは安いのはあたり前のこと。これと同じことだ。

とにかく勘違いしないでほしいのは、ことお金に関する限り、「お得」とか「おいしい話」といったものは、存在しないということ。存在しないにもかかわらず、こうした情報が生命保険会社から発信され、それにより消費者は、ほとんど誤解に近いような知識や価値観を刷り込まれ、自分にとって生命保険が必要だと勘違いさせられ、保険の契約までさせられてしまうのだから、これは見過ごすことができない問題である。

アメリカの著名な投資家、ウォーレン・バフェット氏の名言に、

「証券会社のレポートを読むことは、床屋に行って『散髪した方がいいかな』と聞くようなものだ」

というのがある。まさに生命保険も同様で、自分に生命保険が必要かどうかを生命保険会社に聞いてはいけないのである。

そしてそんな生命保険会社に都合のいい情報だけがどんどん拡がる一方で、消費者が「本当に知らなければいけない重要な情報」はほとんど知らされていないという現実もある。あえて知らされずに、「生命保険」という高額の買い物をさせられ、その支払いのためにおそろしいほど長期の、場合によっては一生涯の〝ローン〟を組まされることになるのだから、生命保険会社の罪は重い。

「本当に知らなければいけない重要な情報」は、知っていると知らないとでは、大げさではなく、おそらく人生がまるで違ったものになってしまうほどの支払額に差が付くというのに、それがまだ大きな問題にならないのは、生命保険という商品が非常に複雑なため、買わされた当人も、何だかよくわからないままにうやむやにされてしまう部分が非常に大きいからだ。こうした実例は、第2章で紹介する。

でも、うやむやにはなっても、多くの人は、どこか納得できない部分や、ひょっとしたら少し騙されたかなという気持ちを心の奥底に持っている。だからこそ、生命保険のセールスが来ると、ほとんどの人は本能的に警戒する。まず間違いなくネガティブな対応をするのだ。

「きっと必要なものだろうが、その反面、どこか騙されているような気がする。でもよくわからない」。

そんな漠然としたイヤな感じを生命保険に対して抱いているのではないだろうか。

日本の生命保険事情は、本当にこんなことでいいのだろうか。これでは買う側も売る側も、どちらにとっても不幸である。

安心のために、仕方なく入るのが保険？

生命保険文化センターの調べによると、日本人の生命保険への世帯加入率は約9割である。私の生命保険営業での実感と照らし合わせてみても、生命保険に全く入っていないという人に出会う確率は、10人に1人、いやもっと少ないような気がする。そう考えると9

割の世帯加入率は、実際の感覚に近いものだといえる。

ところが、海外に目を転じて見ると、生命保険の世帯加入率は、もっとずっと低くなっている。ライフネット生命保険の岩瀬大輔氏の著書『生命保険のカラクリ』(文藝春秋)によると、個人保険の世帯加入率は、アメリカが50%、イギリスが36%、ドイツが40%、フランスが59%だという。この4ヶ国に日本を加えて、世界の5大保険大国なのだが、その中で、日本だけが群を抜いて高い世帯加入率を誇る。

また市場規模を見ると、日本の年間の生命保険料収入は、民間の保険会社に共済も加えて約40兆円。これは日本の自動車新車年間売上の約4倍の金額。「生命保険は家の次に高い買い物」という言葉は、こうした部分からも納得がいく。

それでは、そんな9割もいる生命保険加入者に、「あなたはどうして生命保険に入ったのですか」と聞くと、かなりの頻度で次のような答えが返ってくる。

「若い時に、会社に出入りしていた保険のおばちゃんに付き合いで入った」

「親戚に保険屋さんがいて、お任せで入ったままになっている」

「親が昔自分のために入ってくれた保険を、今は自分で払っている」

「保険に入ると何となく安心だから」

要するに、「自分で決めてない」、「誰か他の人が決めたのでよくわからない」という人が非常に多いのである。

さらに、その人たちに、重ねて次のように聞く。

「自分の保険の内容はどんなものか知ってますか？」

すると、これはもうほとんどの人は、自分の保険の内容を知らない。自分の入っている保険契約の内容や、特約について、きちんと説明できた人など、今までただの１人にもお目にかかった試しがない。

「いくら保険料を払っているのか」、「いつまで保険料を払わないといけないのか」、「今、万が一のことがあったらいくら保険金が下りるのか」、「死亡以外にどんな保障があるのか」等々。何を聞いても、まずまともな答えは返ってこない。読者のみなさんも、ぜひ同じ質問を自分にぶつけてみてほしい。あなたはどこまで自分の保険のことを知っているだろうか。

自分にかけている生命保険の内容がよくわかっていないのだから、その必要性など、きちんと把握などできているわけがない。そこであえて聞いてみる。

「あなたには、本当に生命保険は必要なんですか」と。

すると、しぶしぶと次のような答えが返ってくる。

「自分が、もし明日死んだら、家族が困るからね。一応その時の安心のためだから仕方がないかな……」と。

どこか言い訳をするかのように答えるのだ。

そう、なぜかみんな自分に言い訳をするかのような理由をいいながら、生命保険に入っているのである。それは一体なぜだろうか。しかもこうした状況で、9割もの世帯が生命保険に加入しているのには、日本に独特の事情があるのだ。

今の生命保険は、高度成長期モデルから変わっていない

日本が生命保険の世帯加入率を急速に伸ばしたのは1970年代。まさに高度成長期の流れを受けている。日本では欧米に比べて女性の社会進出が遅れたため、高度成長期、男は外に出て会社勤め、女は家庭を守る専業主婦という形態が一般的だった。そのため、一家の稼ぎ手が男に集中する。その稼ぎ手に万が一のことが起きると、大きなリスクが家計を襲うことになったのだ。

残された妻子は路頭に迷うことにもなりかねない。そこで、そんな専業主婦にターゲットを定め、大手生命保険各社は、女性の営業部隊である生保レディ、いわゆる〝生保のおばちゃん〟を投入して保険を売りまくったのである。同じ女性から語られる「ご主人が亡くなったらどうしますか」という営業トークが、専業主婦たちの不安を煽り、契約を獲得するのに圧倒的な効果があったに違いない。

そのようなわけで、生命保険に関しては、どちらかというと、家庭の主婦の方が加入している保険に詳しく、勤めに出ているご主人は、奥さん任せというパターンがいまだに多い。ご主人に、自分にかけられた生命保険のことを聞いても、明確な答えが返ってこない背景には、こうした事情もあったわけだ。

しかし、1980年代になって以降、夫婦共稼ぎ世帯が増加の一途をたどり、今となっては、夫婦共稼ぎ世帯は過半数を超え、専業主婦の割合は減少し続けている。夫婦が稼ぎを分散することで、万が一の事態での家計のリスクは、夫婦2人に分散されたため、生命保険の必要性は減少しているはずなのだが、売り手である生命保険会社の売り方は、それから以後、変わってないのが現状である。

また、高度成長期に売れた保険の主流は養老保険だったという事実も忘れてはいけない。

養老保険とは、満期が設定されていて、万が一の死亡保障額と満期時に受け取れる満期金が同じ金額に設定されている保険のこと。例えば、60歳が満期で満期金500万円の養老保険では、満期まで生きていれば満期金500万円が受け取れるし、満期までにもし死亡しても死亡保険金500万円が受け取れるという仕組みになっている。

しかし実際は60歳までに死ぬ人はほとんどいないので、この養老保険は、60歳満期の積立預金として、事実上は機能していたのである。だから、保険というものに対し、〝ちょっと仕組みが複雑な貯金〟的なイメージを持つ人も多い。生命保険の商品内容をそんなに理解していなくても、「まあ、いいや」という雰囲気があるのには、どこかで満期になればお金が戻ってくるという、養老保険の刷り込みがあるのかもしれない。

ところが今となっては、金利はこれ以上ない位低くなり、寿命はますます延びているので、保険が貯金の意味を持つことはほとんどなくなっている。実のところ、他の金融商品に比べ、生命保険はもともと、保険料から多くの手数料が差し引かれるために、貯蓄としての優位性はとても低いのである。しかも、2013年4月からは12年ぶりに標準料率の引き下げを受けて、保険料は原則的には引き上げとなった。こうなると、もはや生命保険に貯蓄性を求めるのは現実味がない。

80年代になり、生命保険業界はますます勢いを増し、保険の営業マン数は、〝生保レディ〟を中心に40万人以上にもふくれあがった。その巨大な人件費をまかなうためにも、生命保険会社は、利益率の高い、掛け捨ての保障性商品の販売に力を入れ出した。それまでの養老保険や定期保険特約付養老保険中心の時代から、定期保険特約付終身保険（以下、定期付終身保険）が主役の時代に移っていくのである。

この定期付終身保険。おおむね定年の60歳を保険料の払い込み期間として設定し、その払い込み終了までは、主契約である終身保険に上乗せされた、さまざまな定期保険特約により保険金額をあえて巨大化することで保険料をつり上げ、保険料の払い込みが終了をしたとたんに、すべての特約が消滅し、あとは細々とした終身保険だけが残るというタイプの、まさに保険会社にとっては、願ったりかなったりの商品なのだ。

しかも、この定期付終身保険を、売る側の生保レディは、説明不足と知識不足の中で販売し、買う側のお客様も、〝一生の保障が付く貯蓄〟位の軽いノリで契約していく。仮に説明不足であろうが、買う側が軽率であろうが、幸か不幸か、生命保険という商品のサイクルは非常に長いので、こうした加入時の〝勘違い〟に気が付くのは、契約してから10年も20年も先のこと。販売した担当者は、もうとっくに辞めていたり、契約時に言ったの言

定期保険特約付終身保険のしくみ

被保険者 男性／30歳で契約／
60歳まで払い込み／死亡保険5000万円

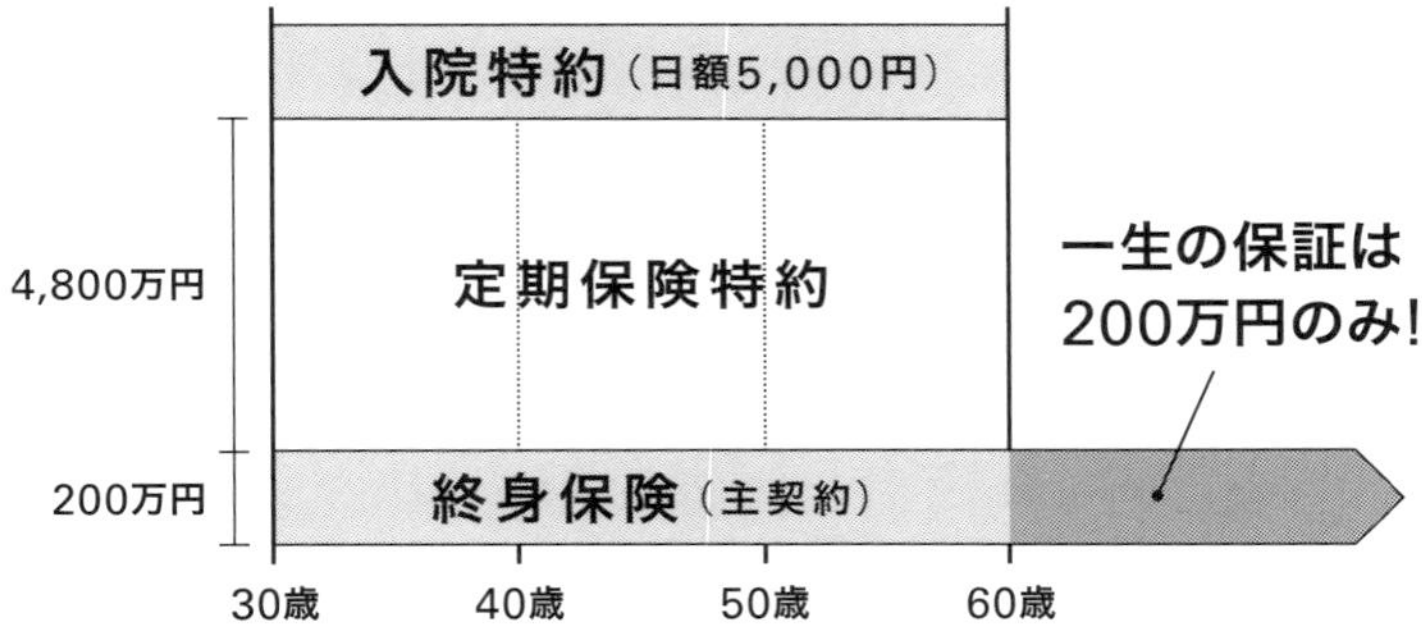

◆ 死亡保障は5,000万円だが、そのうち4,800万円は特約部分。なので、60歳で保険料を払い終えると、その4,800万円の保障はすべて消滅し、一生涯の保障は、終身部分の200万円だけとなる。

◆ 特約の種類も複雑で、生命保険会社によっては10種類前後も付いてくる。

◆ 10年ないし、15年で更新するタイプが主流で、その都度、保険料は上がっていく。払い込み期間は、60歳まであるいは65歳までに設定されていることが多い。

わないのといっても、時すでに遅しなのである。

　ところが、そんな風に生命保険に入り、あまりいい思いもせず泣き寝入りのように保険契約を終了しても、多くの人はこれまで、次のような言葉を自分に言い聞かせて自分や家族を納得させてきたのだ。

「保険は安心を買うものだから。安心料だと思えば仕方がないさ」。

　そんな言い訳が通用したのも、日本が高度成長していた時代だったからこそ。毎年給料は上がり、退職金もしっかりともらえ、退職と同時に年金ももらえたし、70歳になれば、医療費も無料だった時代。そんな時代だったからこそ、「安心料」という言葉1つで、生命保険という高い買い物も肯定されてきたのだ。

保険料＝安心料、という神話はもう通用しない！

　しかし、高度成長期が終わり、バブルがはじけ、失われた20年も過ぎてくると、さすがに「保険は安心料」では納得できない人が増えてきたのである。それは、ちょうど団塊の世代の人たちが、高度成長期に契約した生命保険の支払期間を終え、退職時期を迎えた夕イミングにほぼ一致する。

60歳の定年退職時に生命保険の支払いを終え、そのあとに、病気やけがで亡くなった人の遺族が、思っていたよりもはるかに少ない死亡保険金しかもらえないことにクレームを付ける事態が急増したのだ。それはそうである。27ページの図の定期付終身保険だと、家族は5000万円の死亡保険金が、てっきり一生出るものだと思っていたところ、実際に受け取ったのはわずかに200万円だけ。大きな保険金の特約は、すべて保険料支払い終了時で消滅し、終身保険は200万円だけという契約になっていることなど、全く知らなかったという人が非常に多いのである。しかも、その200万円を受け取るために、それまで支払ってきた保険料の総額は1000万円を超えているとなれば、「安心料だから仕方がない」と割り切れない人が出てきても当然である。

ここに面白いデータがある。生命保険文化センターのデータだが、日本では、世帯主にかけられた保険金の平均は2009年のデータで約1768万円。1997年には約2732万円だったことに比べると、かなり減少はしているものの、それでもつい5年前までは2000万円を超えていたのだ。しかしそれに対し、実際に支払われた保険金の平均額はわずか173万円でしかない。かけた保険金の10分の1しか支払われない理由は、先ほどの定期付終身保険だ。多くの人は先に書いたように、定年前後のタイミングで保険料を支払い終わって、大きな保険金の付いた特約がすべて消滅したあとで、少ない死亡保険金をもらうからである。

要するに、定年前に人が死ぬ確率など、極めて低いのである。生命保険に加入できる健康な人が、60歳前に亡くなる確率は、おおむね5％前後だといわれる。つまり100人中95人の人は、自分の葬式代にもならないほどの死亡保険金を人生の最後に受け取るために、せっせと1000万円をはるかに超える保険料を払い続け、これまで保険会社を儲けさせてきたわけである。

もう高度成長期のような世の中には戻らない。不景気で給料は下がるし、退職金はもらえるかどうかも怪しい。年金は65歳にならないともらえないし、その金額も減るかもしれない。それに加えて生命保険金の不払い問題や公的年金のずさんな管理、少子高齢化に歯止めがかからない先行きの不安に、医療費自己負担増、増え続ける日本の債務に、TPP、地震や原子力発電の問題等々、将来に対する不安は、以前とは比較にならないほど大きい現代社会。こんな世の中で、どうして「安心料」などというわけのわからない言葉1つで、自分を納得させられるものか。そんな人たちが今、顕在化してきているのである。

この〝失われた20年〟の間に、時代背景が180度方向転換してしまったにもかかわらず、生命保険は、その内容も販売方法も旧態依然のまま生まれ変われないでいる。そして相変わらず、漠然とした「安心」のための対価として、ものすごい高額商品を、〝超長期ローン〟で購入する人があとを絶たないし、相変わらず当時と同じ手口で生命保険会社は保険を売っているのである。

いや、もっといえば、保険会社の販売の手口は、以前より巧妙に、消費者に不安を植え付けようとする。コンサルティング販売などといって、より論理的に保険を買いたくなるように仕向けてくる。この辺りの詳しい手口は、第3章で詳述するが、少子高齢化の先行き不透明な時代、しかも震災や放射能による環境汚染なども相まって、保険会社は消費者に不安をイメージさせやすくなっている。

ここでまた、保険会社の都合に任せて、高度成長期と同じように生命保険に入るのではなく、今こそ自らが積極的に生命保険に対峙し、自らの価値観で生命保険を上手に利用する時代へと進化する時である。消費者がきちんと保険の必要性や、保険に対する自分のスタンスを見極めることが、保険会社を進化させる圧力になるのである。

保険が必要な時とは、どんな時なのか？

話を戻そう。それでは生命保険を買う目的とは一体何なのだろうか。それは「万が一の不測の事態に備え、あくまでお金で解決できる部分について資金の準備をすること」にあるだろう。ファイナンシャル・プランナーの世界では、生命保険、損害保険を合わせて、保険商品はすべて「リスク・ファイナンス」という分類で語られる。リスクに備えたファイナンス（資金）を意味するからだ。

資金の準備という視点から見ると、保険だけでなく、預貯金も立派な資金の準備方法である。しかし預貯金と保険は、同じ資金の準備方法とはいえ、全く別物である。

何より一番大きな違いは、預貯金は預けたお金は当然のことながら「自分のもの」であるのに対し、保険の場合は、毎月払う保険料は、「自分のお金ではない」ということだ。あたり前のことのようだが、そこを理解している人は意外と少ない。

生命保険とはいわば助け合いのシステムである。その仕組みをものすごく単純化して説明すると、次のようになる。例えば、年間で１００人に１人が死亡することがわかっていて、その残された家族に1000万円の死亡保険金を支払うために、100人から毎月1万円の保険料を集める。すると、1年で集まる保険料は、1万円×12ヶ月×100人＝1200万円である。そこから1000万円の保険金を、その年に死亡した1人の遺族に支払い、残り200万円は会社の経費や利益となる（34ページの図参照）。

これが単純化した生命保険の仕組みだとすると、毎月支払う1万円の保険料は、自分のお金ではなく、みんなの共有財産であることがわかるだろう。そして人によっては、1万円だけしか払っていないのに、1000万円の保険金をもらうこともあるし、毎月1万円を30年払い続けても、1円ももらえない人もいる。これが預貯金とはまるで異なる保険という商品の本質なのである。

だからこそ、なるべく全員が均等に保険金の恩恵に預かれるように、極端に健康状態の悪い人や、持病のある人などは、保険に入れないように審査を行うのだ。なるべく同じように健康な人たち同士、つまり均質な死亡率の人たち同士が助け合う仕組み、それが生命保険なのである。

もう一度整理すると、保険料として預けたお金は自分のお金ではなく、保険に加入している人の共有の財産であり、払った金額や期間に関わりなく、必要な時には契約時に決め

生命保険のイメージ

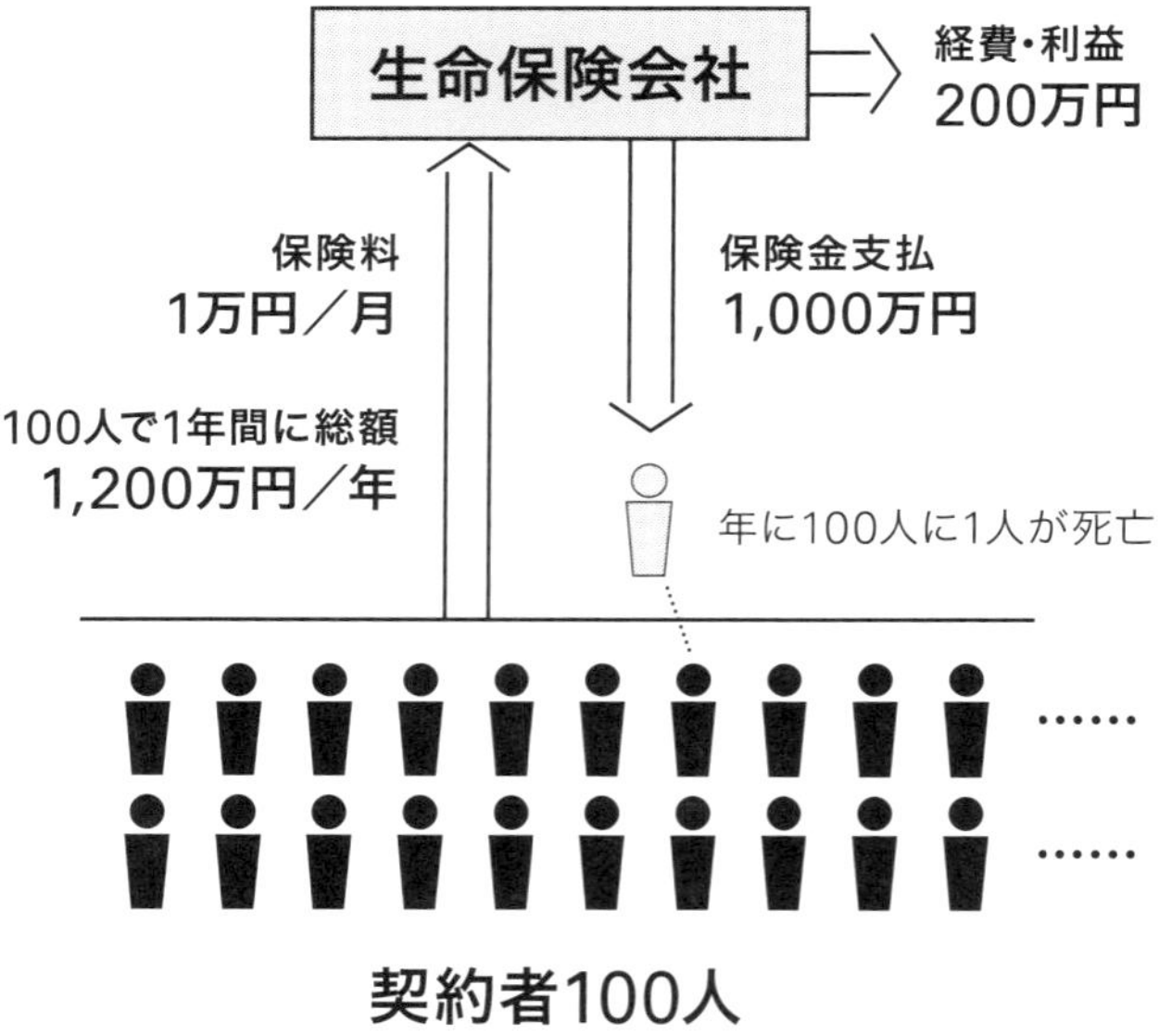

［収支］

収入	保険料	1,200万円
支出	保険金	1,000万円
	経費	100万円
利益		100万円

た保険金を準備できる。これが保険だ。これがわかると、どういう時に保険を使い、どういう時に預貯金を使えばいいのかは、自ずと見えてくる。

例えば、自分が死んだ時に、残された家族にある程度まとまったお金を残したいとする。それを預貯金で積み立てて準備しようとしても、それには時間がかかり過ぎる。仮に今日1万円積み立てて、明日死んでしまえば、預貯金では、残された家族には1万円しか残せない。ところが、同じことを生命保険でやれば、今日1000万円の保険に加入して最初の保険料1万円を払えば、仮に明日死んでも1000万円を残すことができるのだ。預貯金では毎月1万円ずつ積み立てて80年以上もかかる多額のお金を、保険だと瞬時に用意できるわけだ。つまり、「預貯金で貯めていたのでは、時間的にも金額的にも間に合わない時」こそが、保険がその真骨頂を発揮できる場面なのである。

「貯金は三角、保険は四角」という言葉があるが、これはこんな保険の性質を表す言葉だ。積み立て貯金は、三角なので、最初はお金の貯まりが少なく、時間が経つにつれて大きく増えていく。それに対し、保険は最初から一定の金額（保険金）を準備することができるのだ。

だから保険が必要な時というのは、どういう時なのかと聞かれれば、「万が一の不測事

預貯金は三角、保険は四角

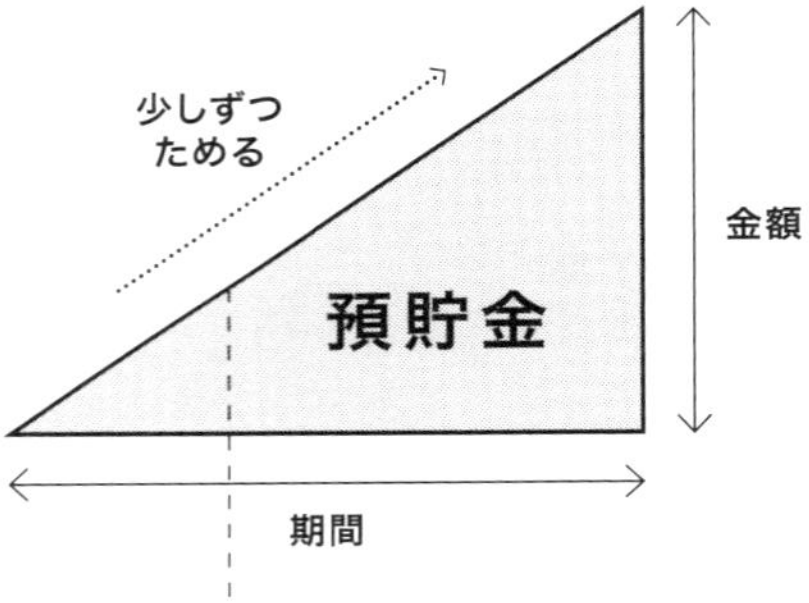

もしものことが起きたら？

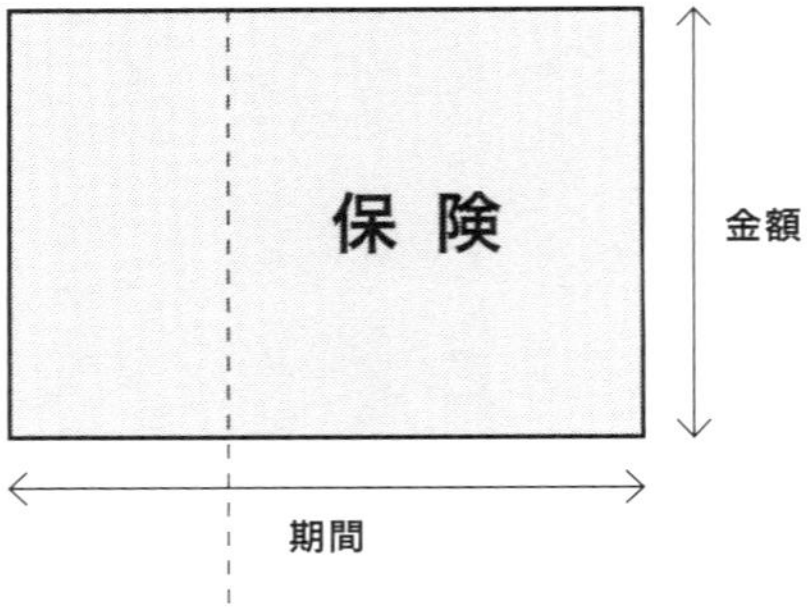

もしものことが起きても

大丈夫！

態に対し、預貯金では時間的にも金額的にも準備が間に合わない時」ということになる。

もし加入したい保険に優先順位を付けるとすれば、それは「預貯金では間に合わない順」にすべきである。逆にいえば、預貯金でも何とかなりそうなものは、保険に入る優先順位は一番低くていい。

それでは「預貯金では金額的にも時間的にも間に合わないような、万一の不測の事態とはどんな時なのか」、いくつかの場面に分けてもう少し具体的に考えてみよう。

保険との相性が悪い医療費の準備

例えば、昨今よく売れている医療保険。入院すれば、保険金が1日あたりいくらもらえるとか、手術をすればいくら、退院後通院すれば1日いくら、さらに先進医療を使うといくらといった具合に保険金が支払われる保険である。おそらく誰もがテレビCMで、そんなコマーシャルを見たことがあるだろう。

この医療保険を検討する時に、自分が風邪をひいた時の備えとして考える人はいないだろう。風邪をひいて入院することはまずありえないし、治療費だってタカがしれている。

それでは、どんな万が一の事態を想定し、それに備えるために医療保険に加入するのだろう。おそらく、思いもしない急病やけがに見舞われて、1ヶ月位入院するような事態を想定するのではないだろうか。

治療費でいえば、数千円~2、3万円程度なら保険はいらないが、もしいきなり数十万円の出費となるとそれは困る。生活に影響が出てくる。そういう「いきなり払えといわれると困る」事態。それが保険に入ろうとする時に想定する事態なのではないだろうか。

つまり、「今すぐに払えといわれた時に困る金額」。そんな金額がかかるようなリスクが想定できれば、保険に入る合理性が、一応あるのかもしれない。しかし医療保険についていえば、現実問題として、月に数十万も医療費がかかるということは、ほとんどありえない。150ページの「高額療養費制度」のところで詳述するが、日本は公的な健康保険が充実しているために、ある一定の金額以上は自己負担がかからないのである。

またインターネットなどでも調べられる保険会社のディスクロージャー情報を見ると、大手生命保険会社4社での入院給付の支払額は、多少のばらつきはあるものの、1件あたり平均10万円程度、手術給付金も同様に1件あたり平均10万円程度であることがわかる。

つまり、病気になり入院して手術を受けたとしても、受け取れる保険金は、おおむね20万円程度が平均的な金額なのである。

果たして、この20万円という金額、本当に保険を必要とするほどの高額なのだろうか。しかもその20万円を受け取るために、毎年平均数万円の保険料を支払うことを、あなたは合理的だと考えるだろうか。健康状態や年齢にもよるが、平均20万円を受け取るために、10年で数十万円~100万円単位で保険料を支払うのは、私にはどうも割に合わないように思えて仕方がない。

金銭面だけでなく、医療にかかる費用の準備には時間的側面から見ても、保険を使う必然性が足りないように思える。というのも、医療保険とは病気になって入院した時に保険金をもらえる保険だが、多くの人にとって、病気になり、入院し、その費用がかさむ時期というのは、年をとってからの出来事なのである。ということは、預貯金で準備ができる時間が十分に取れるということを意味する。

実際問題、医療費がかさんでくるのは、75歳前後の後期高齢者になる頃のこと。仮にそのための準備を50歳から始めたとしても、まだ75歳までには25年もの歳月がある。預貯金で準備するのに十分な時間があるのだ。しかも、病気のリスクは、ある程度の年齢に達すると、一斉に高くなるものである。加入者の多くの人が病院にかかり、入院もするようなリスクには、保険という仕組みは合わないのだ。当選者が大勢いたのでは宝くじにならないのだ。しかも保険金を支払う確率が高くなるため、保険料も高くなってしまう。

時間的にも、確率から見た保険料設定から見ても、医療費の準備に保険を使うことは、あまり相性のいい選択ではないのだ。医療費の準備には、保険を使うよりも、預貯金という手段を使った方が合理的で相性もいいのである。

死亡保障がいる人、いらない人

一方、そんな医療保険に比べると、死亡保険金は高額である。もし、明日、あなたが死んだら、残された配偶者や子どもの生活費や教育費などに、一体いくら準備しておけばいいのか。おそらく1000万円単位のお金は必要になるだろう。その金額は、明日いきなり払えといわれても準備できない。まさに「払えといわれて困る」大きな金額である。しかし、明日、あなたが死ぬ確率は、ほとんどゼロに近い位低いだろう。このように、準備すべき金額が大きく、そのリスクが発生する確率が低いものこそが、保険に適したリスクである。少なくとも、金額という面で見れば、医療保険よりも死亡保険は、加入する優先順位がはるかに高い保険である。

しかし、優先順位の高い死亡保険であっても、あなたが独身者や共稼ぎの夫婦2人暮らしならどうだろうか。あなたの収入に頼って生きている配偶者や子どもがいればこそ、多額のお金を残す必要があるが、配偶者も十分な稼ぎがあるのであれば、それほど大きな金額は必要ないかもしれない。また共稼ぎではなくても、夫婦2人だけの世帯なら、明日、仮にあなたが死んでも、配偶者は独身に戻るだけのことである。だとすれば、やはり多額の保険金を残す必要はそれほどあるまい。住宅ローンがあっても、団体信用生命保険に入っていれば大丈夫。せめて、自分の葬儀に必要な金額があれば、それで十分だろう。

ましてあなたが独身であれば、これはもうお金を残す必要などほとんどない。強いていえば、おそらくあなたの両親が負担するであろう葬式代を少しでも軽減できる金額があればいいかもしれないが、それを望む親などほとんどいないだろう。「自分の葬式代に保険をかける位なら、自己投資にお金をかけなさい」と思うのが、子を思う親心というものだからだ。

そんなわけで、若い夫婦や独身者には、預貯金でお金を用意する時間はないかもしれないが、子どもがいなければ、そんなに大金を用意する必要もない。つまり保険はいらないということになる。

ただ唯一、「あなたの収入を頼りにして生きている配偶者と幼い子どもがいるような世帯」こそは、あなたを被保険者とする死亡保険が必要である。預貯金も少なく、まだ収入も少ない若い夫婦で、しかも子どもがいる世帯。妻は、幼い子どもがいるので、働きたくても働けず、そんな時にもし、大黒柱である夫に万が一のことがあれば……。まさに、預貯金では準備できないお金が必要になるだろう。あなたの葬儀を行ったあと、子どもを抱えた奥さんの生活費、そして子どもの教育費。そこに生命保険が必要になる。

当然、加入する死亡保険は、できるだけ保険料が安く、合理的なものにする必要がある。そう考えると、彼らに必要な保険は、間違いなく、掛け捨てで保険料が安く、しかも子どもが一人前になるまでの、ある一定期間だけ大きな保険金がえられる定期保険（収入保障保険も含む）がもっともふさわしい。詳しい対策については、第4章で詳述する。

老後の生活は、不測の事態なのか

それでは、同じ夫婦2人暮らしでも、子育てもすでに終わり、定年前後となった熟年世

生命保険が必要な時期は？

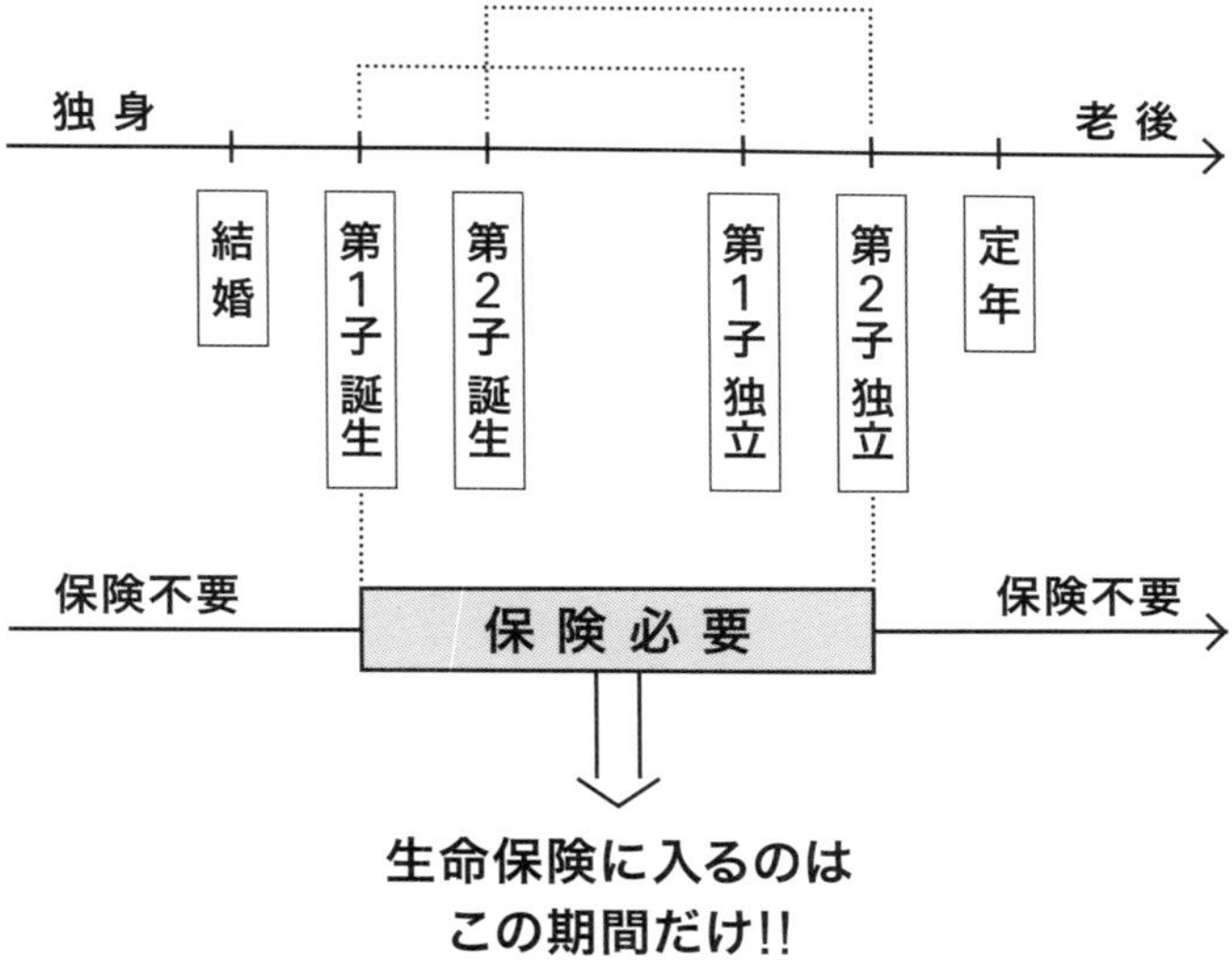

帯に生命保険は必要なのだろうか。例えば、夫婦のどちらかが亡くなった場合はどうだろうか。これは遺族年金の問題とも関わってくるので、一概に判断はできないが、国民年金だけの自営業者では、年金だけでの生活はほとんど絶望的なので、何らかの老後資金の準備は必要だ。一方、厚生年金や共済年金加入者であれば、残された配偶者は何とか遺族年金と自分の老齢年金で生活できるかもしれない。しかしそれでも蓄えがなければギリギリだろう。まして、年金制度自体が今後どうなるかはわからない。支給額が減るかもしれない。医療費は今より高くなるかもしれないことを考えれば、公的年金だけでは不安は多い。だとすれば老後の生活のためには、やはり資金の準備は必要になるのだろう。問題は、その資金の準備に、生命保険を使う必要があるのかどうかということである。

そこで考えてみてほしいのだが、老後の生活費への備えを考える時、そもそもそれは万一の不測の事態と呼べるのだろうか。人は誰でも老いていく。それは若い時から、いや生まれた時からすでにわかっていることだ。だとすれば、老後に生活費がかかるということは、完全に予測できたことで、万が一の事態でも不測の事態でもないだろう。しかも老後までに、お金を準備する時間は十分にあるはずだ。まあ、若い時に老後の準備などといってもピンとは来ないだろうが、仮に40歳位から準備を心がけても、まだ20年以上はお金の準備にかけることができる。そうであれば、老後の資金を保険で準備する必要など全くないことにある。

ところが、保険の営業マンなら必ず次のように保険を勧誘してくるだろう。

「老後資金の準備に、個人年金を始めませんか」。それに対し、個人年金は、貯金のようなものだから、深い考えもなく「加入してもいいだろう」と思う人もいるかもしれない。

しかし、個人年金はあくまでも保険なので、あなたが払った保険料からは、多くの手数料が差し引かれ、その分を運用で回復するまでの期間は、解約しても元本すら保証されないということは覚悟しなければいけない。途中で、お金が必要になったからと解約すると、損をする場合があるということだ。

しかも今は、保険の予定利率が、これ以上ない位の低レベルである。こんな時に、わざわざ長期に金利を固定するのは不利である。それはあたかも、金利が高い時に、長期固定で住宅ローンを組むようなものだ。貯蓄性だけを考えれば、個人年金なんかにするよりも、はるかに利回りがいい金融商品はたくさんある。

さらにデフレ脱却を標榜する安倍晋三政権の経済政策「アベノミクス」により、今後、日本の物価は上昇に転ずる可能性がある。政策が目指す毎年2%の物価上昇でも、10年後には約22%近く、20年後には何と49%も今より物価が上がっている計算になる。そうなると、個人年金に低金利の固定で預けた結果、10年後、20年後に、元本程度の年金原資が積み立てられても、高くなった物価の前では、実質的には大きく目減りした金額となってしまう。このことをインフレリスクという。今のような超低金利時代に、個人年金に長期間金利を固定して資金準備をすることは、インフレリスクを背負うことになるということでもある。

そうしたデメリットをすべて理解した上で、それでもなお、保険で老後の資金準備をしたいというのであれば、それは個人の自由である。思うようにすればいい。

子どもの教育は、あなたの人生のリスクなのか

子どもができたら、唯一、生命保険が必要になるという話は前述したとおりだが、それはあくまでも稼ぎ手を被保険者にかける死亡保険のこと。子どもにかける保険のことではない。ところが、子どもができると、判で押したように営業マンは学資保険をすすめるし、親の方も、何となく、「子どもができたら将来の教育費のために学資保険には入ろうか」

インフレリスクとは？

もし毎年2%ずつ物価が上がったら……

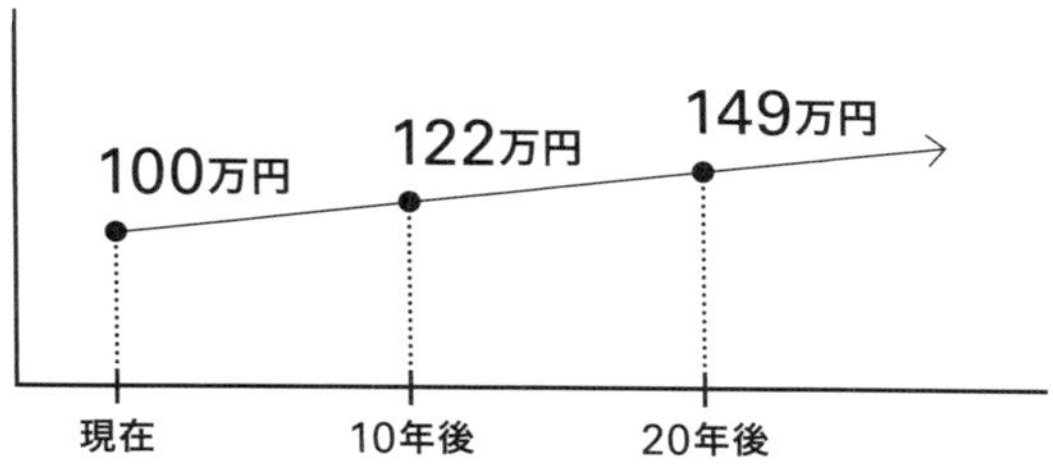

今100万円のクルマの値段は？

10年後には　約**122**万円

20年後には　約**149**万円　となる。

⟹　こんな時に**元本保証**されても、
実際には大幅目減りとなる。

と考えている人が少なくない。しかし、この学資保険、本当に必要なものなのだろうか。

一般に学資保険といわれる保険というのは、子どもがある年齢になると、少しずつお祝い金という名の給付金が出て、最後は、大学進学あたりのタイミングで、満期金が出るタイプが多い。

生命保険の専門用語では、こうしたお祝い金のことを生存給付金という。通常は、死亡した時にもらえるのが保険であるのに対し、お祝い金の類は、生存している時にもらえるお金だからだ。しかも学資保険は、子どもの進学や卒業のタイミングを満期に設定した満期金がもらえる保険だ。つまりこの形は、養老保険そのものである。つまり、学資保険というのは、保険用語でいうと、「生存給付金付き養老保険」なのである。

もちろん、お祝い金がもらえるといっても、そのお金は自分で保険料として積み立てたものであることはいうまでもない。医療保険などで、よく「健康祝い金」とか「ボーナス」といった名称で生存給付金が出るタイプの保険があるが、一見、お得なように見えても、結局は自分が出したお金を当然のようにもらっているわけで、別に得ではない。こうしたタイプの保険は特に女性には人気があるようだが、保険料がその分、高く設定されているので注意が必要だ。

子どもの教育資金に話を戻そう。老後の資金の準備と同様で、子どもの教育資金の準備までには、通常、多くの時間があり、しかも子どもの進学は不測の事態でも何でもない。子どもが生まれた時から、18年後には大学に行き、お金がかかる位のことはわかっている。だとすれば、それは保険で準備すべきものではないのではないのか。

少なくとも、小学校、中学校は義務教育なので、公立であればそこまでにそれほどの教育費はかからない。かかってもせいぜい高校、大学からだろう。であれば、学資保険の保険料として、保険会社に多くの手数料を払うよりも、そのお金を貯金しておいた方が効率がいい。学資保険では、元本割れしてしまうことが珍しくないが、その期間があれば、預貯金なら、ずっと多くのお金を貯めることができるだろう。

また学資保険に入る人の中には、「親が途中で死亡した時でも、保険料が免除になって、給付が出るのがいい」という人がいる。しかし、親が死亡した時に備えて、親は生命保険に入るわけだから、そんなところに学資保険のメリットを見いだそうとするのは、何か見当違いなのではないかと思う。

保険が本来、「万が一の不測の事態で、それに備えるための時間的、金銭的な余裕がない時に加入するものだ」と考えれば、教育資金の準備には、準備する時間が十分にある。

しかもそれ以前に、教育費をリスクととらえること自体に違和感を覚えてしまう。子どもの成長は親の喜びであり、その教育にかかる資金は、喜ばしい出費であるはずだ。そこにリスク・ファイナンスたる保険をかけて準備をするというのは、いかがなものだろうか。

それでも、どうしても教育資金の準備に学資保険を使いたいと思うのなら、最低限、必ず、自分が支払う保険料の総額と、受け取る給付金の総額だけは確認してほしい。

保険料は年収の1～2％を目安に考える

ここまで書いてきて、医療保険はいらない、死亡保険も、独身者はもちろん、2人暮らしの夫婦も保険は必要ない。また老後資金の準備に個人年金保険はいらないし、子どものための学資保険もいらない。唯一、生命保険が必要になるのは、「子育て期の若い夫婦だけ」だということを、おわかりいただけたかと思う。

彼らには、まだ貯金も少ないし、何かあった時に準備する時間もない。せめて子どもが自立するまでの間、稼ぎ手の死亡保険は必要になる。しかし、収入も多くない世代だし、入る保険は、できるだけ合理的にするべきだ。

実際、子育て期に親が死亡する確率は、かなり低い。だからこそ定期保険にして、保険料を安くあげることが可能にもなるのだ。これが最善の選択である。

しかも、繰り返すが、お金持ちには、保障という意味での生命保険は必要ないのである。だから、お金持ちが、どれだけ無駄に保険に加入しようとも、本書で関知することではない。問題は、本当に必要な人の保険の入り方である。

日本人の9割の世帯が何らかの生命保険に加入しているというデータについては、前述したとおりだが、その9割の世帯が、毎月支払っている保険料は年間平均41・6万円。月平均に直すと3万5000円にもなる。これは年収の約7%にあたる。

あなたがもし、ある日突然にクルマのセールスマンから「1250万円のクルマを買いませんか。30年のローンで返済は月々3万5000円です」といわれたら、その営業マンとの付き合いで買うだろうか。あるいは親戚のすすめだから「まっ、いいか」で買う決断をするだろうか。しかもどんなクルマかもよくわからないままに。そんなばかげたことはしないはずだ。第一、「月々3万5000円は高過ぎる」と感じないだろうか。ところが、これがクルマではなく生命保険となると、正常な判断が働かず、そんなばかげた買い物を多くの人がしてしまうのである。

平均的な日本人の生命保険加入状況

（平成24年度　生命保険文化センター調査）

世帯加入率　90.5％

加入件数　4.1件

払込保険料　41.6万円／年

平均年収　589万円

月々の保険料　約3.5万円

⇒ 保険料は年収の約7％

あたり前のことだが、生命保険であっても、他の買い物と同じように、しっかりと自分の身の丈にあった金額の商品を選ぶことである。食事もクルマも、自分の収入や家計の状況に合わせて支出を考えるのに、生命保険だけ、身の丈に合わない買い物をするのはおかしい。生命保険に入ることで、生活が苦しくなるのでは、本末転倒なのだ。

私が、これまで多くのお客様に保険にいくらまでなら払う気があるのかを聞いてみた結果、一番多いのは、月々5000円〜1万円という回答だった。というか、ほとんどの人の回答は、その範囲に収まってしまう。年収も仕事もさまざまではあるが、その金額は、回答者の年収のおおよそ1〜2%の範囲である。この程度であれば、リスク対策の経費として、家計を圧迫せずに支出できるのではないだろうか。でも現実を見ると、この金額の4倍以上も保険に出費している。

子育て中の若い世代は、この先の人生の時間がたっぷりあることが最大の強みである。その強みを利用して、生命保険への出費は最低限に抑え、できるだけ貯蓄をすることをおすすめしたい。

またすでに、多くの生命保険に加入している人は、それを一度リセットして、もう一度自分の価値観を見直すことから始めた方がいい。その具体的な方法については、第4章で詳しく説明しよう。

第2章

知らないと“大損”する危険がいっぱい！

保険はいらないんですが…
はい！そんな人にぴったりの保険があるんです!!
保険

「営業マンは、超ジコチューです！」

第2章では、「保険って、知らないと本当に大損をするんだなあ」とわかる事例をご紹介します。特に、最後に登場するYさん（45歳）は、見直しをしたことで、何と1,614万円も実質的な保険料を減らすことができました。保険って、知っていると知らないとでは、人生が大きく変わってしまうんです。

外資系生命保険会社で営業マンをしたあと、私には、複数の保険会社の商品を同時に扱える「乗合代理店」で保険を販売していた経験がある。当然、その事務所には、いくつもの保険会社の担当者が、いつも出入りしている。私は、その時、数社の生命保険会社の担当者から、よくこんな質問をされた。

「阿野さんは、お客様にどんな保険を売りますか?」

私が返事に困っていると、さらに「(売るのが)得意な保険の種類は何ですか?」とか「やはり手数料のいい保険を売りますよね」などとたたみかけてくる。

正直いって、私には売るのが得意な保険などなかった。というよりも、そんな風に考えたことがなかった。私にはあくまでも「まずお客様ありき」。どの保険をおすすめするかを考えるのは、お客様の保険に対する考え方や必要性を把握してからで、逆に保険が必要ない人には、解約だけさせて、一切保険には入らせないようにすることすらあったほどだ。また私が保険会社からもらう手数料のことなど、お客様には全く関係ないことなので、それによっておすすめする保険を決めるようなことは私はしなかった。保険会社の担当者に素直にそういう話をすると、みなさん一様に不思議そうな表情を見せたものだった。その位、私は営業マンとしては変わり者だったに違いない。

実際、ほとんどの保険の営業マンは、私のようなことをしない。それどころか、お客様に会う以前から、おすすめする保険は決めているようだし、それがそれぞれの得意とする商品であるらしい。つまり、自信のあるセールストークで、どんなお客様でもその気にさせることができるのが「得意な商品」であり、そこに手数料率のいい商品を持ってこられるように考えているのが、営業マンの多数派なのである。つまりお客様のことなど、全く考えることなく、1から10まで自分のことを考えているのが、保険の営業マンの正体なのだ。

私は、そのことで営業マンの心がけを非難するつもりはない。保険を売って、その手数料で生計を立てている以上、営業マンが自分の実入りを優先して考えることは、ある意味当然のことだからである。ただ、そうであるなら、お客様も、そこを理解した上で、保険の営業マンとは、適当に距離を置いた付き合いをすることを願うのである。

私自身は、当時も今も、保険は販売はしても、それで生計を立ててないので、お客様の目線だけに立って、必要な保険を考えることができる。本当は、保険を売らずとも、その相談料だけで生活できるような仕組みができるといいとは思っているが、そんなシステムが日本に根付くのには、まだまだ時間がかかると思われるので、今は過渡的に、このようなスタンスで仕事をしているのだ。こうすることが、生命保険からお客様を守るために私ができることだと考えての選択だ。

そんなわけで、生命保険の営業マンは、人間性の問題ではなく、ビジネスの構造上、あたり前に、お客様のことを親身になって考えることは期待できないので、生命保険の加入を検討している人や、見直しを考えている人は、営業マンのいうことを決して聞かないように心がけてほしい。あなたが得をするようなことは、保険会社にとっては損をすることで、保険会社が損をすれば、営業マンはお金を稼ぐことができず、生活ができない。つまり、あなたと営業マンは、利益が相反する関係であることをどうか忘れないでいただきたい。第1章にも書いたとおり、「床屋に散髪の必要性を聞いてはいけない」のである。

お客様が損するだけの保険を平気で提案する生保レディ

私がつい最近、生命保険の相談を受けた中小企業の経営者Aさんは、そんな生命保険の営業マンの提案を受け入れて、あやうく大損をするところだった。

彼は現在58歳。専業主婦の妻と2人暮らしで子どもはいない。経営する会社の方の保険は、事業承継対策や社員の福利厚生を含め、しっかりと入っているので、今回の相談は、あくまでも彼の個人的な保険のことであった。

とはいえ、彼の個人的な生命保険については、以前にもすでに相談を受けていて、若い頃から入っていた65歳に支給開始の個人年金保険と、3年前に契約したばかりで70歳まで払い込み期間がある終身保険の2本に入っているだけ。今さら大きな保障が必要なわけでもないので、公的年金の足しにということで入った個人年金と、お葬式代程度にということで始めた終身保険で、もう十分過ぎるほどの保障があることがわかっていた。

しかも個人年金の方は、ちょうどバブル期直後に入ったもので、予定利率がかなり高い、いわゆる〝お宝保険〟。加入者としては、通常であれば絶対に手放さない方がいい、お得感の大きい保険だが、逆に保険会社から見れば、こうした〝お宝保険〟は、経営を圧迫する〝邪魔もの〟でしかない。この大手国内生命保険会社の個人年金保険には、不要な特約が付いていて、それが保険料を2倍に跳ね上がらせていることが私には残念に思えたが、Aさん本人が、そのことを理解した上で、それでもそのままでいいというので、「このままにしておきましょう」とお互い納得したはずのものだった。

それなのに、なぜ今回Aさんが再び相談に来たかというと、今加入している保険会社の生保レディが、突然、新たな提案を持ってAさんを訪ねてきたからなのであった。しかもその提案内容が、とても信じられないひどいものだったのである。

きっとこの大手国内生命保険会社は、Aさんの〝お宝保険〟を何とか処分させたかったのだろう。そこで持ってきた提案は、もう58歳になるAさんに、定期保険特約で死亡保障をばっちり付けて、さらにあれこれと特約をてんこ盛りにした、Aさんには、全く必要のない定期付終身保険だった。しかも、Aさんの〝お宝〟の個人年金保険を、その定期付終身保険に「転換」させようとしたのである。保険会社の、お客様を無視した自分本位な提案も、ここまで来るとあきれ果て、腹が立つ。

「転換」とは、クルマの売買でいうところの下取りのことである。現在加入している保険の責任準備金の積み立てを使って、新たな保険に加入させる手法なのだが、予定利率の高い保険を、予定利率の低い保険に契約変更させるために多用されたこのやり口は、国内の大手生命保険会社を中心に、一時期、「逆ざや」解消のために濫用されたため、大きな社会問題にもなった。「逆ざや」とは、生命保険会社が保証する利回りを、実際の運用利回りが下回ってしまうために、保険会社にとっては損になってしまう状態のことである。

もっとわかりやすくいうと、このやり方は、例えば住宅ローンで、金利の低いローンを

「転換」には要注意！

転換とはクルマの下取りに似ている

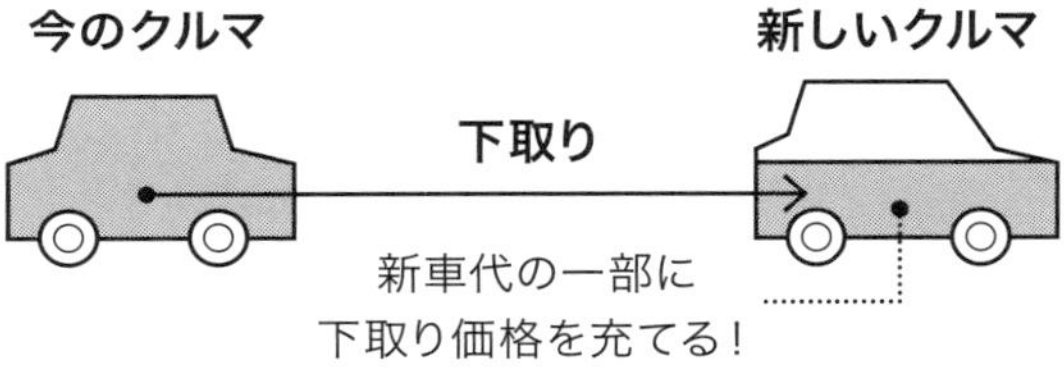

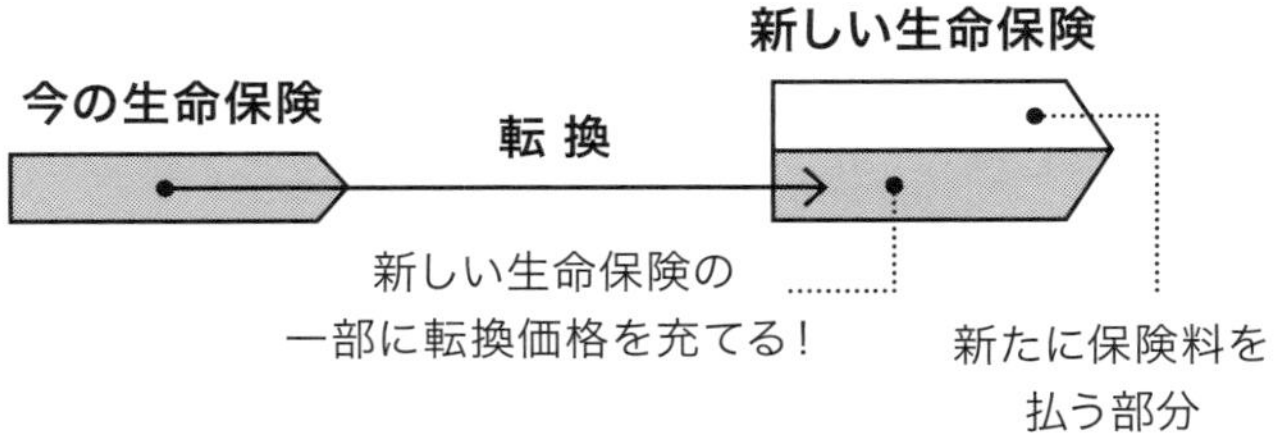

◆ Aさんの場合、「今の保険」が“お宝保険”。転換をさせられると“お宝”をまんまと奪われてしまう。

◆ 転換をする時は、新旧契約の内容比較などを書面を用いて説明することが、生命保険会社や保険代理店には義務づけられている。

やめさせて、金利の高いローンに借り換えさせるようなもの。しっかりと説明すれば、誰も受け入れるはずもないこの提案を、保険会社はあえて、しっかりと説明せずにお客様に提案し、次々と予定利率の高い保険をひっくり返していったのである。こんな転換を受け入れれば、お客様は、ただただ損をする一方で、保険会社はウハウハなのである。

しかもその生保レディはAさんに、次のようなことをいったというから驚きだ。

「転換することで、死亡保障をずっと厚くすることができますよ。月々の保険料も安くなりますし、とてもお得です」。よくもまあ「お得」などといえたものである。

何と彼女が提案してきた保険は、定期特約で死亡保障が4600万円も付いているのである。しかも7年後、Aさんが65歳になれば、そんな特約は全部消滅して、あとはわずか100万円の終身保険が残るだけだ。だいたい、子どももいない、普通に裕福な58歳の夫婦2人世帯のAさんに、今後7年間だけ、なぜ4600万円という大きな死亡保障が必要なのだろう。この生保レディは、その理由をどう答えるのだろう。じっくりと聞いてみたいものだ。そして、その挙げ句に、残るのは100万円の終身の死亡保障だけ。こんな内容の保険を、この生保レディは、「死亡保障が4700万円と厚くできて、とてもお得」だというのだ。最後に100万円の終身しか残らないことは一切説明せずにである。これはもう、限りなく詐欺といっても過言ではない提案である。冗談ではなく、本当に当局に取り締まってほしいほどの内容なのだ。

ちなみに、転換のターゲットとされたAさんの個人年金保険は、毎年36万円の年金を確定年金で15年間、合計540万円もらえるもの。もし転換すれば、この540万円が100万円の死亡保障にすり替えられてしまうわけだ。

Aさんは、この生保レディから「来週中に答えを聞かせてほしい」といわれていて、あわてて私に相談してきたのだった。しかも相談に来た時Aさんは、もうこの提案を、なかば受け入れるつもりになっていた。

「何だかよくわからないけど、長い付き合いだし、まあいいかなと思って」。

Aさんは、そういって笑っていた。きっとこうして営業の女性のいいなりになってしまう善良なカモは、日本中に一体、どれだけの数いるのだろう。よくよく話を聞くと、Aさんが「まあ、いいか」と思ってしまった最大の要因は、実は「来週まで決めて」という言葉なのである。仕事で忙しい人は、保険のことなど、じっくりと考えていられないのが普通だ。そんな時に「来週まで！」と期限を切られると、「まあ、いいか」となってしまう。

しかも、内容については、複雑でよくわからないから、提案を断る理由をいえないのである。だから提案を断ることが面倒臭くなってしまうのだ。とにかく、生命保険については、自分が理解できないような複雑なものを、絶対に受け入れてはいけない。

こんな極悪の詐欺まがいの提案を、何の悪気もなく持ってくる営業マンのいうことなど、絶対に聞いてはいけないことがわかったことと思う。この生保レディは、Aさんのことなど、みじんも考えていない。というよりも、ひょっとしたら提案した本人も、提案の意味がよくわかっていないのかもしれない。わかっていないからこそ、良心を痛めることなく、こんなひどいものを提案できる。もしわかっていて、こんな提案ができるのだとすれば、それこそ彼女は正真正銘の〝悪魔〟か〝詐欺師〟である。

いずれにせよこんな会社やこんな営業マンとは、早いとこ、付き合いをやめた方がいい。

いい顔は最初だけで、あとは放置されたIさん

生命保険の営業マンの常套句に「一生涯、あなたの面倒を見ます」というのがある。しかし、これこそ大ウソである。この話は第3章で詳述するが、この言葉を額面どおりにとらえるなら、まずその営業マンは、あなたより年下の人でなければいけないし、一生、会

社を辞めるわけにもいかないはずだ。しかし実際は、生命保険の営業マンの勤続年数は、一生どころか非常に短いのである。

私が外資系生命保険会社に勤務した時、研修で「生命保険の営業マンは、3年以内に9割は辞める職場だ」と教わったが、実際に私の同期入社の人たちは、2年以内に4分の3が辞めたし、同じ職場で入社2、3年目の営業マンが、続々と辞めていくのを目のあたりにした。外資系に比べ、比較的勤続年数が長いといわれる国内系生命保険会社の営業マンでも、例えば、ニッセイの女性営業職員で、平均勤続年数が9年前後だというデータが、同社のホームページに公表されている。

いずれにしても、長くても10年にも満たない勤続年数の営業マンが、どうして「一生涯」お客様の面倒を見られるのだろうか。そんな情緒的なウソで、お客様の気持ちを動かすのではなく、きちんとビジネスとして、しっかりとしたアフターサービスの体制を取ることこそが、生命保険会社に求められるサービスだろう。

現在、57歳のIさんは、35歳の時に、ある外資系生命保険会社の男性営業マンの勧誘で終身保険に加入した。終身保険とは、その名のとおり、一生涯の保障が付く保険で、Iさんは、当時まだ幼かった娘のことを考えて、自分自身に1000万円の保険をかけたのである。娘が大人になるまでの20年ほど、その保障は必要だが、それ以降はいらないので、娘が成長したあかつきには、この終身保険を解約して、貯金したつもりで解約返戻金を受け取る。そういうことで、その営業マンとは話が付いていた。

「私があなたを生涯面倒みますから、安心していてください」。

Iさんは、営業マンのそんな言葉を信じて、終身保険の契約をし、娘が大人になったら、解約しようと思っていた。最初の2、3年は、この営業マン、確かに一所懸命、Iさんの元に足を運び、いろいろと相談にも乗っていたそうだが、そのうちに全く顔を見せなくなったらしい。約20年が経過して、3年ほど前に、もうすっかり独り立ちした娘を見て、Iさんは、この終身保険を解約しようと、その営業マンに連絡を取ってみたが、とっくに退職していて、すでに連絡が取れなかった。やむなく保険会社のコールセンターに電話して解約を申し出たのだが、今度は、解約の書類を送ってこないのだという。結局、そのままになって2、3年が経過した。

最近になって、事業の関係で、少し資金が必要になったので、Iさんは再びコールセンターに解約を申し出ようとしたが、その時に保険証券を紛失していることに気が付いた。コールセンターに連絡をすると、まず保険証券の再発行手続きをしてから、解約手続きをしてほしいといわれたが、それがまた3ヶ月経っても、再発行の手続きが完了しない。コールセンターの対応も悪く、何か電話をかける度に、悪いことをしているような気分にさせられたという。もう面倒臭いので、そのままにしてしまおうかと思っているAさんなのだった。

この保険会社は、Iさんを一生涯面倒見るどころか、一生涯、まともに相手にしないと心に決めたのだろうか。全く信じられないひどい対応である。ちなみに、保険の契約者は、自分の保険契約について、あらゆる権利を持っているわけだし、保険会社のコールセンターには、遠慮せずにいろいろな申し出ができることは、当然の権利である。少しでも自分の契約について疑問に思うこと、知りたいこと、お願いしたいことなどがあれば、正々堂々と、しかも契約者の当然の権利として、何度でも電話をすればいい。「コールセンターは使い倒す」位の気持ちで付き合えば、遠慮深い日本人には、ちょうどいいのである。

うがった見方をすれば、保険の営業マンは「一生面倒を見る」といいながら、胸の中では「契約さえもらえば、あとはさよならだ」位にしか思っていないのかもしれない。

見直しで保険料を１６１４万円も減らしたＹさん（45歳）

私が外資系生命保険会社で営業マンをしていた時、ある男性から生命保険に関する相談を受けた。仮に今、彼をＹさんと呼ぶことにしよう。Ｙさんは当時45歳。有名な電子機器メーカーに勤めていて、設計担当のリーダーをしていた。

初対面のＹさんは、その見た目の印象も、話っぷりも、とてもまじめで物事をいい加減に考えないようなタイプだった。彼には２人の小学生の子どもと奥さんがいて、神奈川県郊外の二世帯住宅で、奥さんのご両親と一緒に住んでいる。幸いその家は、奥さんのご両親がお金を出してくれたので、家賃や住宅ローンを負担する必要はなかったが、その分、生命保険には、かなり高額な出費を負担していた。

詳しく聞いてみると、まず、２人の子どものために学資保険、それに義理の両親のすすめもあって、かんぽの養老保険、さらに義理の妹が生命保険の営業をやっているため、その付き合いで、奥さんの定期付終身保険と、Ｙさんご自身の定期付終身保険。夫婦の定期付終身保険は、どちらも大手国内生命保険会社の商品である。これらをすべて合わせると、毎月の保険料だけで約6万5000円にもなっていた。つまり年間の生命保険料が78万円。Yさんの年収の1割が、生命保険の保険料として支払われていたのである。

しかも、夫婦の保険は、どちらも10年更新型で、次の更新が5年後の50歳の時。支払期間は夫婦ともに65歳までと設定されている。住宅にお金がかからないとはいえ、さすがにこれだけの保険料負担は大きく、Yさんの相談内容は、「この保険料を納得のいく形で減らすことができないか」というものだった。

話をわかりやすくするために、ここでは奥さんや子どもの学資保険、養老保険などは考えず、Yさん本人の保険についてだけの話をしよう。Yさん本人の保険は、大手国内生命保険会社が発売する、有名な定期付終身保険だ。つまり、主契約の終身保険に、数々の定期保険系の特約が付いていて、すべてがセットになって販売されている、その会社の一番の主力商品である。

義理の妹が営業をやっているということで、Yさんご自身は内容もろくに知らず、ほとんど奥さんのいうがままに契約したものだった。それでも、「保障は5000万円ととても大きく安心だし、義理の妹がすすめるものだから、いい加減なものでもないだろう」という位の気楽な気持ちで入ったらしい。30歳で結婚した時に契約し、保険料は確か当時

Yさんが入っていた「定期終身保険」とは……

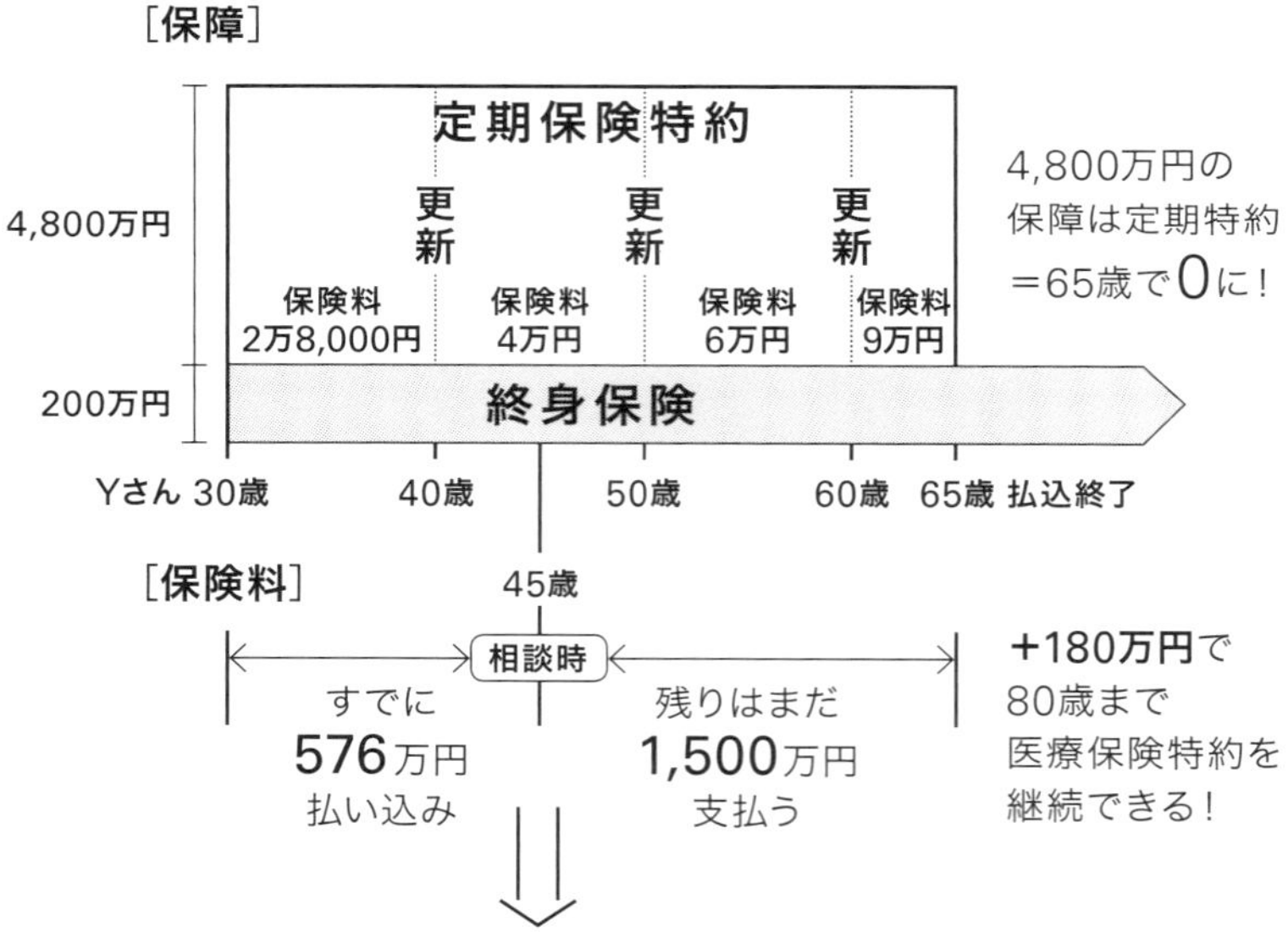

これから払うべき保険料は 1,680 万円

♦ 終身保険の200万円が下りても、実質の保険料負担は45歳以降だけで**1,480万円**にもなる！

Yさんに提案した保険の内容

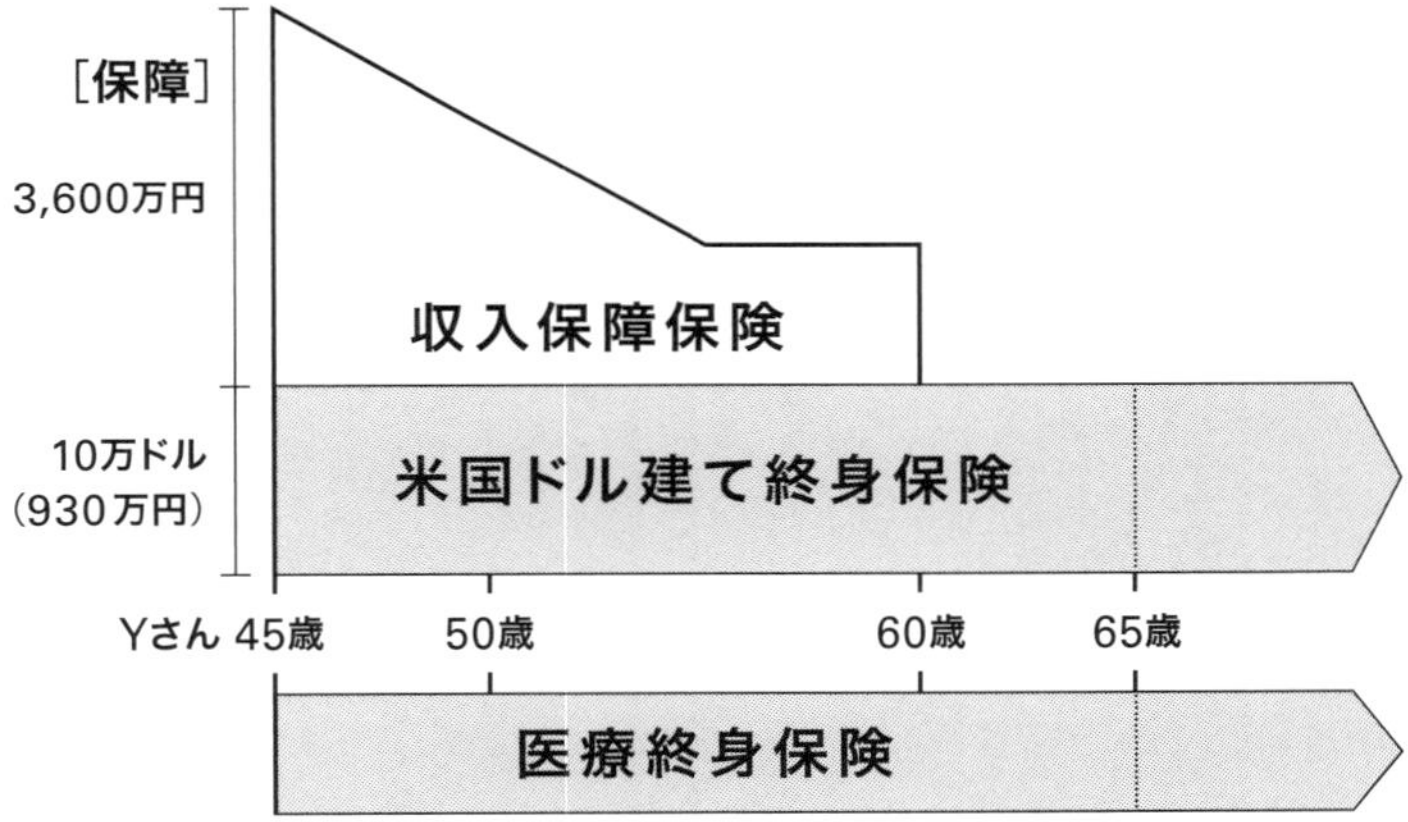

[保険料]

収入保障保険	**60歳まで**	**126万円**
米国ドル建て終身保険	**65歳まで**	**646万円**
医療終身保険	**65歳まで**	**144万円**
支払額合計		**916万円**

⇩

例えば80歳時に「米国ドル建て終身保険」を解約すると
約860万円の解約返戻金が返ってくる！

実際の保険料負担は **56** 万円だけで、
860万円ものお金が手に入る。
もちろん終身保険の1,000万円を受け取れば
保険料の負担は、マイナスとなる。
すべて1ドル＝100円で計算。

2万円台の後半だったらしいが、40歳の更新時に、それが4万円ほどに上がって、今、ちょっと高いと感じているという。

それではまず、Yさんが、もしこのままの形で、この保険の保険料を65歳の支払期間まで払うと、あといくら保険料を支払うことになるのか。そのシミュレーションをしてみよう。まず50歳の更新時までの5年間は、月々約4万円だから4万円×12ヶ月×5年＝240万円。そこで契約更新となり、60歳までの10年間の保険料は今よりも約1・5倍、値上がりする。仮に月々6万円になったとして、6万円×12ヶ月×10年＝720万円。さらに更新して65歳までの残りの5年間だが、60歳時での保険料は、さらに1・5倍程度に値上がりする。仮に月々9万円として最後の5年間の保険料は、9万円×12ヶ月×5年＝540万円。以上を合計すると、240万円＋720万円＋540万円＝1500万円。つまり、今のままの保険をかけ続けると、Yさんは、この先まだ1500万円もの保険料を支払い続けなければならないことになる（70ページの図参照）。

ちなみに、それまでの15年間、Yさんはすでに576万円を保険料として支払っているので、「この保険の保険料総額は、2000万円を超える」ことになる。このシミュレーションのため、10年ごとの更新時の保険料の値上がりについては、当時、Yさんに保険会社のコールセンターに電話で照会してもらっている金額である。ここでは、計算のわかりやすさのために、それをおおよその数字として記載している。

では、今度はYさんの保険の保障内容を具体的に見てみよう。Yさんは、2000万円以上の高いお金を支払って、一体何を買ったのか。Yさんは、「自分の死亡保障は5000万円ある」といっていたが、実際は、そう単純ではない。確かに65歳の保険料支払い終了時までは、Yさんの死亡保障は5000万円程度であることに間違いはなかった。しかしその大半は定期保険や特定疾病保障定期などといった特約によるもので、それらは65歳で保険料の支払いが完了すると同時に消滅してしまうものだ。つまり、Yさんの死亡保障は、65歳までなら確かに約5000万円あるものの、それ以降は終身保険部分のわずか200万円にダウンしてしまうという設計になっていた。

もし平均寿命である80歳程度までYさんが生き続ければ、Yさんは、これからさらに1500万円も支払わされるにもかかわらず、自分が亡くなってから、奥さんがわずか200万円だけをもらうことになる。もっと端的にいうと、

「2000万円の代金を支払って、自分の死後に200万円が返ってくる保険」

これがYさんの保険の内容だったのである。

誤解のないようにあえて書くが、私は、この保険が悪いといっているのではない。200万円払って200万円しか確実に戻ってこないのはけしからんとクレームをつけているのでもない。保険は、いざという時の保障を手に入れるために、多くの人がお金を出し合って成り立っているシステムなので、費用対効果だけで語れるものではないからだ。問題なのは、こうした内容の商品であることをYさんが知らないで、もっといえば、Yさんにしっかり知らせないで、こんな〝高い買い物〟をさせている販売方法であり、しかもこの商品内容が、Yさんに合っているのかどうかなど関係なく、パッケージ商品として売られているということなのである。

さてYさんは、まずここまでの話の内容を聞いただけでも、実際かなり驚いた様子だった。というのも、10年更新する度に保険料が値上がりし、最終的に、まだ1500万円もの大金を支払うことを知らなかった上に、65歳以降は、死亡保障が200万円しかないことも予想外だったからだ。それだけでも大きなショックを受けていた。

そしてさらに追い打ちをかけるようにもう1つ、保障内容でYさんにショックを与えた事実がある。それは医療保険の特約だった。医療保険が本当に活躍するのは、実は病気や入院が増える70歳以降になってからのこと。しかしYさんの定期付終身保険では、医療保険も特約なので、65歳になった時には消滅してしまうのである。要するに、一番使いたい時には、医療保険は消滅してしまっているのである。もし、それ以降に医療に関しての保障を続けたければ、80歳までの保険料を一括で支払うか、年払いで80歳まで更新し続けるしかない。そのためには、先ほどの1500万円の他に、この医療保険の分の保険料が必要になるのである。この重大な事実も、Yさんは全く知らなかったのだ。

65歳時での医療保険の保険料は、もちろん条件にもよるが、年齢が年齢だけに、月々1万円前後になってしまう。とするとそのあと80歳までの15年間の医療保険の支払総額だけで180万円にもなる。それも含めると、Yさんが45歳から80歳まで支払わないといけない保険料は、先ほどの1500万円に180万円を加えて、合計1680万円にもなってしまうのだ。それでも、Yさんの医療保険は、80歳で完全に終了する。終身の保障は受けられないのだ。

10年の更新ごとの保険料の値上がりに関しては、保険金額を減額することで、上がらないように調整することが可能である。例えば、Yさんの場合、60歳時の更新で、それまでの保険料と変わらない保険料にするために、保障を小さくすればいいわけだ。保険料のために、必要な保障を削ることが、果たしていいことなのかという議論はともかく、保険料だけのことを考えれば、そうした手段を講じることも可能である。

例えば、Yさんが60歳以降の保険料をそれまでと同じ保険料に抑えれば、支払う保険料の総額を180万円減らして、1500万円を1320万円にまで引き下げることが可能となる。しかしそれにしても、医療保険の継続に必要な180万円を加えて、やはり1500万円程度の保険料が、今後さらに必要になることには変わりはないのである。

そこで、私がYさんの相談を受けて、提案した保険内容は、

① 掛け捨てタイプの収入保障保険

② 米国ドル建ての終身保険

③ 終身タイプの医療保険

この3本の保険を組み合わせたものだった（71ページの図参照）。終身保険の保険金額が200万円と小さく、「払済《はらいずみ》」にしても、意味のないほどの保障しか確保できないので、すべてを解約して、全く新たに保険を入り直すことを提案したのである。

「払済」とは、保険料の支払いをやめて、その時点の解約返戻金を使って、同じ保険期間で保障を小さくした保険に切り替える方法で、保険会社ではあまり教えてくれないが、保険を見直す方法としては、極めて有効な方法である。詳しくは第4章でも説明する。

Yさんの生命保険　見直し前後の比較

	見直し前	見直し後
保険料	45歳までに払った保険料 **576万円** →	解約返戻金 **50万円程度**
	45歳以降に払う保険料 **1,680万円** → （65歳まで1,500万円+65歳以降 80歳までの医療保険180万円）	**916万円** （収入保障保険　126万円 米国ドル建て終身保険　646万円＊ 医療終身保険　144万円） ＊1ドル100円として計算
保障	65歳までの死亡保障 **5,000万円** →	60歳までの死亡保障 **4,530万円~2,130万円**
	65歳以降の死亡保障 **200万円** →	60歳以降の死亡保障 **1,000万円**＊ ＊1ドル100円として計算
	医療保障 **80歳で終了** →	**一生涯保障**

見直し前の保険のままだと、Yさんは45歳以降1,680万円払って、
最後に200万円もらえる ⇒ **実質負担は1,480万円**

見直し後は、Yさんは45歳以降916万円払って、解約返戻金50万円と
最後に1,000万円もらえる ⇒ **実質負担は、−134万円**

つまりYさんは見直したことで

1,614万円も負担を減らしたことになる！

①の「収入保障保険」とは、Yさんの下の子どもが大学を出るまでの、おおよそ15年間を保険期間とした定期保険で、その特徴は、保険金が一度に多額に出るのではなく、毎月給料が支払われるかのように出ることにある。Yさんの場合は、公的年金から遺族年金が毎月16万円ほど出るので、それに上乗せする形で、この収入保障保険から毎月20万円下りる設定にした。これにより遺族年金を含めて、毎月36万円で、遺された母子で生活をやりくりしていくという計算である。

この保険、毎月20万円の保険金が下りるので、もし加入してすぐにYさんが死亡すれば、毎月20万円が15年間で、合計3600万円の保険金が下りることになるが、例えば、加入して10年経過後にYさんが亡くなれば、残りの保険期間の5年間だけ、毎月20万円が下りることになるので、保険金の総額は1200万円となる。15年間何事もなく過ぎれば、保険は何も出ず、お金は全く戻ってこない。つまり、保険金が時の経過とともに徐々に減少するため、通常の定期保険に比べ、保険料を大幅に安くできる仕組みの保険なのである。

ちなみにこの保険にYさんが支払う保険料は45歳から60歳までの15年間で月々約7000円、合計126万円である。

②の「アメリカドル建ての終身保険」は、当時、国内生命保険会社の終身保険の予定利率が1・75％程度の時に、予定利率が4％（現行でも2・75％～3％ほど）の固定だった。そのため、保険料を安くし、その上、解約した時の解約返戻金も支払った保険料を大幅に上回ることが可能な保険だった。

Yさんには、死亡保険金が10万ドル、1ドル100円とした時のレートでは1000万円で、保険料の払い込みは65歳までで、保障は一生涯という設計にした。先の「収入保障保険」で、遺された母子の生活をまかない、こちらの終身保険は、主に子どもの教育費をまかなうことを目的とする。この保険に支払う保険料は月々2万6917円で、支払期間は65歳までの20年。支払総額646万円である。

③の「終身タイプの医療保険」は、シンプルなもの。1回の入院60日までのタイプで、入院日額1万円。それに先進医療が付いている終身タイプの医療保険である。こちらも保険料の払い込み期間は65歳までの設定で、保険料は月々6000円。支払総額144万円である。

さて、この3本の保険の保険料を合計すると916万円となる。しかも支払いはすべて65歳までで終わる。Yさんの最初の保険では、80歳までに1680万円の支払いだったから、これだけでも保険料は約半分になっている。しかし、この３本の保険の提案には、実は、もう１つ、隠された大きな秘密がある。

この３本の保険のうち、①の収入保障保険は、Ｙさんが60歳になると終了する。残る②と③の保険は、どちらも終身保険なので、65歳までに保険料の払い込みが終わると、あとは一生涯の保障が付く。そのうち、②の終身保険をある段階で解約するのである。前述したとおり、この終身保険の加入目的は、主に子どもの教育費の保障である。なので、子どもが自立してしまえば、あとはこの保険は、実は積立預金としての意味しか持たないのだ。

例えば、Ｙさんが男性の平均寿命である80歳になった時に、この②の終身保険を解約すると、払い込んだ保険料が６４６万円なのに対し、解約返戻金が約８６０万円戻ってくる。もちろん、アメリカドル建ての保険なので、円／ドルの為替レート次第で、その金額は変動するが、今は便宜上、このところの１ドル１００円で換算している。

そこで考えてみてほしい。Ｙさんに提案した新たな保険では、Ｙさんが支払う保険料の合計金額が９１６万円だった。そして80歳で終身保険を解約すると８６０万円が戻ってくる。すると、この時点でも、実質的な保険料負担は56万円だけで済んだことになる。56万円だけの実質負担で、60歳までは最大３６００万円の収入保障があり、80歳まで10万ドル

（1000万円）の死亡保障があり、さらに一生涯の医療保険を現在も継続できていて、80歳時に解約返戻金として860万円の現金を手にしているのである。もちろん解約せずに、最後の終身保険金1000万円を受け取れば、実質の保険料負担はマイナス84万円。つまり払った分よりも多く戻ってくる。さらに実際は、Yさんは、見直し前の保険の解約返戻金が50万円ほど入ったので、それも勘案すれば、実質的な保険料負担はマイナス134万円となる（77ページの表参照）。

最初の保険のままだと、これから先80歳まで、合計1680万円の保険料を支払い、最後は死亡した時に200万円の保険金が下りるだけだ。つまり実質的な保険料負担は、1480万円となる。この2つの保険、比べてどうだろうか。保障内容については遜色ないのではないだろうか。もちろん65歳までにYさんが死亡すれば、その時は、最初の保険の方が大きな保険金が出る。しかし65歳までに死ぬ可能性と、それ以降まで生きる可能性はどうだろうか。また5000万円という大きな保険金額は、本当に必要で適切な保険金額なのだろうか。その見返りに、実質1480万円を払うということはどうなのだろうか。

見直し後の実質負担がマイナス134万円であることを考えれば、Yさんは私が提案した保険に変えたことで、1480万円－（－134万円）＝1614万円も、保険料を節約することができたのである。実際には、Yさんは、年をとってからドル建て終身保険の保険金を、葬式代だけ残して減額して、あとは戻った数百万円の現金を有意義に使うことになるだろう。45歳で見直しをすれば、これだけ大きなキャッシュフローの差が生涯で付くのである。

Yさんの実際にあった例を、少し詳細に紹介したが、もう一度、金額面だけを拾い出して整理してみたいと思う。

ちなみに、Yさんが、今の保険料を、50歳、60歳の2回の更新時に値上げさせずに、保障を減額することで保険料を現状維持のまま払い続けても、65歳までに支払う保険料は960万円。それに80歳まで継続の医療保険料の180万円を加えて、支払総額は1140万円となる。それで医療保険は80歳で終わり、終身保険の200万円だけが残るわけだ。解約しても、保険料の大半は定期特約部分に消えているので、解約返戻金はせいぜい百数十万円がいいとこだろう。

これだけ大きな支出金額の差があっても、Yさんは、当初、義理の妹との付き合いがあったので、私の提案には消極的だったが、最終的に、奥さんが妹を説得して、私の提案した保険に契約した。さすがに実質的な保険料負担が、1600万円も違うのでは、いく

Yさんの当時入っていた保険

国内生命保険会社の定期付終身保険

保険料

45歳までにすでに払った保険料	**576万円**
45歳から65歳まで払う保険料	**1,500万円**
65歳から80歳までの医療保険料	**180万円**
45歳以降の保険料総額	**1,680万円**

保険金

65歳までの死亡保障	**5,000万円**
65歳以降、一生涯の死亡保障	**200万円**
医療保障	**80歳で終了**

私がYさんに提案した保険

外資系生命保険会社の保険3本の組み合わせ

保険料（1ドル100円で計算）

収入保障保険（60歳まで）	**126万円**
ドル建て終身保険（65歳まで）	**646万円**
医療保険（65歳まで）	**144万円**
45歳以降の保険料総額	**916万円**

保険金（1ドル100円で計算）

60歳までの死亡保障	**4,600〜2,200万円**（徐々に減少する）
60歳以降、一生涯の死亡保障	**1,000万円**＊
医療保障	**一生涯続く**

＊70歳で解約すれば752万円、80歳では同じく860万円の解約返戻金あり。

ら姉妹の間柄とはいえ、それに付き合うだけお人好しにはなれなかったのだ。あたり前である。今の時代、付き合いだけで、こんな高額な買い物をよしとする人がどこにいるだろうか。

保険は保険、付き合いは付き合いである。そのあと、Yさんの奥さんも自分の定期付終身保険とかんぽの養老保険もやめて、シンプルな終身医療保険だけに入りなおし、浮いたお金を生活費と貯金に回すことにした。そして、ご夫婦2人とも、今も元気に生活している。

さて、Yさんの保険相談について、詳しく書いてきたが、私がここでいいたかったことは、国内生命保険会社の定期付終身がダメで、外資系がいいといったことではもちろんない。

「同じような必要十分な保障をえるにしても、入り方次第では、保険料や家計のキャッシュフローを1000万円単位で大きく変化させることができる」ということだ。

しかもその変化の大きさは、45歳の普通のサラリーマンであるYさんでも、1614万円という大きな金額になる。45歳以降の人生で、1614万円のキャッシュフローが変わると、それは人生を左右するといっても過言ではない。そして、その入り方を決するのは、結局は自分自身なのだ。他人が決めるべきことではないし、ましては保険の営業マンが決めることではない。自分がしっかりとした価値観を持ち、自分の人生を決めなければいけないのである。

私は、たまたまYさんには、以上のような提案をしたが、相手によっては全く違う提案をすることもある。それは単純に、保険が好きな人なのか、嫌いな人なのか、投資や利殖といったことに詳しい人か、そうでない人か、貯金がある人かない人か、といった要素だけでなく、人生のリスクに対して、どこまで保障がほしいのか、年収はいくら位で、今後も安定的にもらえるのかどうか、ということなども、すべて考慮に入れている。

例えば、「今日は午後から50%の確率で雨が降る」という天気予報を聞いて、「それなら傘を持って出かけよう」と思う人もいれば、「50%なら、傘なんていらないよ」と思う人がいるのと同様に、生命保険だって、同じリスクに対して、必要と思うかどうかは、その人の価値観次第なのである。そこには正しいとか、間違いはない。

保険の営業マンは、そうした各人の価値観や投資経験、保険に対するスタンスなどをしっかりと見極めて、それに見合った保険を提案するのが理想だが、そんな面倒なことをする営業マンは、残念ながら非常に少ない。というよりも、私が知っている限り、そこまでの力量がない営業マンが現実には非常に多いのだ。だから、会社の営業方針に沿って保険を売ることになる。お客様を見ずに、会社を見る。お客様を見ずに、自分の成績を見ることに終始してしまうのである。

そういう眼で、前記のYさんに自分が提案した保険を、今一度客観的に見ると、この保険は、自分で提案しておきながらも、いかにも外資系生命保険会社の営業マンが売りそうなパターンであることに気付かされる。外資系生命保険会社の営業マンの成績は、お客様が払う保険料の多寡による。つまりお客様に保険料を多く払わせることができれば、成績が上がる。だから、外資系生命保険会社の営業マンは、保険料の安い定期保険は「掛け捨てだからよくない」といい、保険料の高い終身保険をすすめてくるのが常道だ。

それに対し、国内生命保険会社の営業マンの成績は、お客様の払う保険料ではなく、お客様がかけた保険金の多寡で決まる。つまりいかに大きな保険金をかけさせることができるかで、成績が決まるのである。だから国内生命保険会社の営業マンは、安い保険料で大きな保険金を用意できる定期保険を売りたがるのだ。Yさんの定期付終身保険で、終身部分を200万円と小さくして、他の保障をすべて定期保険の特約にして、5000万円という大きな保障を作り上げるのは、その方が国内生命保険会社の営業マンの成績がよくなるからだ。しかも保険会社にとっては、最終的にお客様に支払う保険金額が少なくて済むというメリットもある。

生命保険の営業マンは、業界用語で、保険料のことをP、保険金のことをSと呼ぶ。つまり外資系の営業マンはPを取りたいし、国内系の営業マンはSを取りたいのである。

例えば、Yさんの貯蓄額や、投資経験次第では、提案する保険は、掛け捨てタイプの定期保険（収入保障保険）だけで、医療保険も終身保険も必要なしにすることも可能だと思う。そして、浮いた保険料で、個人向け国債などに投資をするといった、老後資金や医療費への準備のあり方もある。医療保険が本当に必要なのは、年を取ってからのことで、しかも公的医療保険や高額療養費制度を活用すれば、そんなに多くの金額は必要としない。若い時代から時間をかけて準備できるわけで、保険よりも、貯蓄で準備する方が相性がいい。

また自分でコツコツ貯金するのが苦手で、比較的収入もあり、金銭的に余裕があり、保険に対して嫌悪感を持っていない人なら、Yさんのように終身保険で、保障と貯蓄を兼ねる方法もある。金銭的に余裕があるのなら、医療保険などを不要にしてもいい。

こんな具合に、人によって、価値観によって、おすすめできる保険は異なってくるし、おすすめする側の営業マンの力量や性格、志の高さ次第でも、提案する生命保険の内容も異なってくるだろう。そうした組み合わせの偶然が重なり、たまたま提案された生命保険に多くの人が入ってしまっているのが、今の生命保険の実情なのである。そうであるなら、今、本書を手に取ったことを機会に、もう一度、自分の生命保険について、一度リセットをかけて、ゼロベースで考え直してみてはいかがだろう。

生命保険は、本当にお金に余裕がある人には必要はない（保険の目的が、保障ではなく、相続税対策である場合などは別である）ものだ。逆にいえば、生命保険が必要な人は、いざという時にお金を工面できない、金銭的に余裕のない人なのである。だとすれば生命保険はできるだけ必要最小限に、できるだけ合理的に考えた方がいい。

生命保険を一度リセットし、必要最小限の形にやり直すことで、可処分所得を増やし、リスクをカバーし、豊かな人生を送れるようにする。そのための生命保険の考え方を示し、具体的に何をすればいいのかを次章以降でも伝えていきたい。

第3章

外資系生命保険会社の“ワンパターン洗脳トーク”にご用心！

WANTED
身長：175cm
服装：ビシッとスーツで決めている
口グセ：「そんな大事なことを前の担当者は説明しなかったんですか!?」

「このセリフにピン！ときたら…」

同じ生命保険の営業マンでも、一目置かれる外資系の営業マン。でも中身は、国内系の営業マンと大差ありません。私自身も、外資系生命保険会社に勤務していたので、よくわかります。
第3章では、私の体験談も交え、外資系生命保険会社の営業マンのやり方についてご紹介しましょう。

いわゆる〝生保のおばちゃん〟の義理人情に付き合って、幕の内弁当のような何でもワンセットになったパッケージ型の生命保険を契約する人は、今の時代、さすがに少なくなってきている。だがその一方で、「ライフプランナー」だとか「ライフプランアドバイザー」といった横文字の肩書きを身に付けた、外資系生命保険会社の営業マンのトークには、コロリと騙されてしまう人が、かなり増えていると思われる。

その証拠に、生命保険の新しい契約獲得数で見ると、プルデンシャル生命やジブラルタ生命を抱えるプルデンシャル・ファイナンシャルグループ、テレビCMで有名なメットライフアリコ、さらにがん保険のトップブランド、アフラックの3社は、すでに国内の大手生命保険会社と肩を並べるか、それを追い越す実績を上げつつある。近年、急速に新規契約の獲得数を伸ばしてきているのだ。

外資系生命保険会社の営業マンは、いわゆる〝生保のおばちゃん〟と違って、いつもPCを片手に、ちょっと理論武装したクールなイメージがある。〝生保のおばちゃん〟とは、まさに対極に位置するような演出をしているのである。

「お客様に手渡して契約書にサインしてもらうボールペンは、必ず高級なものにしてください。靴は見られているので、いいものをきちんと手入れをして履いてください」などと、外資系生命保険会社の研修では、営業マンの〝演技指導〟も非常に細かくうるさいのだ。が、いくら演技をしようが、見栄えをよくしようが、中身は変えようがない。実際は対極に位置するどころか、詰まるところ、何も違うところはない。ちょっとだけアプローチの方法が異なるだけで、実は、超ワンパターンの押し売り販売である点で、彼らと〝生保のおばちゃん〟には、ほとんど違いはないのである。

私は、ある時期、外資系生命保険会社に就職し、営業マンとして保険を売っていた経験がある。販売に関する研修も受け、新人時代には成績優秀で表彰されたこともある。しかし、いつもその販売手口には違和感を持ち続け、拒否し続けていた。この第3章では、読者のみなさんが、外資系生命保険会社の営業マンの営業トークに惑わされることなく、自分に必要最低限の生命保険に加入できるよう、私の外資系生命保険会社での実体験を元に、彼らの考え方や価値観、販売手法を紹介するので、ぜひ参考にしていただきたいと思う。

「やっぱり外資系は違う」と思わせれば勝ち！

日本人の約9割の世帯は何らかの生命保険に入っていることは、すでに紹介したとおりだが、おそらくその多くは、大手国内生命保険会社のパッケージ型の商品、つまり定期付終身保険やアカウント型保険に入っている。

私が外資系生命保険会社に就職した時は、その比率は、日本人世帯の9割のそのまた9割、すなわち日本人世帯の約8割だと教わったものだ。そしてその8割の既契約をどうやって〝ひっくり返し〟て、自分たちの販売する商品に鞍替えさせるかについての方法を覚え込むことが研修のメインテーマだった。研修の講師は開口一番、こういった。

「やり方は、とても簡単です。あなたがたがやることは、たった1つのことだけ。契約者に、現在加入している保険内容を教えることです。それだけで8割の人の契約をひっくり返せるのだから、この商売は簡単です」と。

契約者に教えてあげることのポイントは、次の3つ。

① 60歳で保険料を支払い終えると、これから本当に保障が必要だという時に、医療保障をはじめ、特約による大半の保障が消滅してしまうこと。

② 10年更新なので、これから更新の度に、2倍、4倍と保険料が値上がりする可能性があるということ。

③ 大半の死亡保障は、掛け捨ての保険になっているが、本当に掛け捨てでいいのかと

いうこと。

そして、こうしたポイントを指摘したあとに、最後に決めの捨てゼリフを吐くのである。

「こんな大事なことを、前の担当者は説明してなかったんですか？」

そういって、ため息を吐き、困ったなあという表情を見せ、しばし間を置くのである。

そして、

「次の更新時は、○年後ですね。その時に保険料は今の約2倍になりますよ」

「人間は、60歳までは、死んだり入院したりする人はとても少ないんです。95％の人は、そのあとに万が一のことが起きる。その時に肝心の保障がなくなっているんですけど、それでいいんですか」

「少子高齢化の時代、老後は長いんです。年金だって、いくらもらえるかわからないし、医療費の負担も増えるかもしれない。だったら、掛け捨てで、保険料を捨ててしまうより、貯まる保険にしておいた方がいいのではないですか」

そうたたみかけて、相手を不安の淵に追い込んでいく。そしてもう一度、

「それにしても、そんなことの説明を受けていないとは、残念です」と考え込む。

これでもう、たいていのお客様はうろたえる。「さすが外資系は違う。国内生命保険会

社はダメだ」と意識し始めれば、もう勝負はあったも同然だ。お客様の気持ちは、外資系生命保険会社に切り替える方向に、グッと傾いていくのである。

これが、外資系生命保険会社の営業マン研修の初日に習う基本中の基本である。今、本書を書くために、私は、その時の研修ノートの「初日」のところを開いて書いている。

そして、こういう決まり文句を、あたかも俳優がセリフを覚えるがごとく暗記して、2人1組になって、何度も何度も演技の練習をするのである。この練習のことを「ロープレ」（ロールプレイングの略）と呼び、ある程度の練習を重ねると、今度は、ロープレをビデオ撮影して、全員で採点し合い、合格点を取るまで繰り返されるのである。これはもう、ほとんど俳優養成所のようなものだ。このロープレこそが、外資系生命保険会社の営業の最大の特徴である。

ロープレの実際～第三者の影響力をフル活用

こうしたロープレに使うセリフは、「スクリプト」と呼ばれ、お客様との初対面の場面から、契約終了後、あらためてお客様の元を訪ねていくようなところまで、営業のありとあらゆる場面、状況設定について、事細かに用意されている。何冊もの本になるほどの分量があるのだ。営業マンは、これをすべて日々繰り返し練習し、勝手に口からセリフが出てくるようになるまで身体に覚え込ませるのである。

例えば、外資系生命保険会社の営業マンの阿野さんが、紹介された鈴木さんに初めて電話をして、会う約束を取り付ける、いわゆる「テレアポ」を入れる場面を想像してみてほしい。ロープレトレーニングは、阿野さんの次のようなセリフからスタートされる。

「鈴木さん、初めまして。先日、ご友人の××さんよりご紹介いただだいて電話をしております○○生命の阿野と申します。実は、鈴木さんのような方に大変役に立つと喜ばれているお話をさせていただきたいと思いまして、一度お会いできればと思います。ご友人の××さんにも、大変喜んでいただけたお話ですので、お忙しいとは思いますが、今週、お時間いただけませんか」。

それに対し、鈴木さんが次のように断った。

「すみません。せっかくお電話いただきましたが、生命保険には、すでにたくさん加入しているので、もう入る気はありません」。

さてその時阿野さんはどう切り返すのか。それがロープレではすでに決まっている。次に阿野さんがいうセリフは、おおよそ次のようなものになるだろう。

「さすが鈴木さん、すでに保険にたくさん入っておられるのでしたら安心ですね。でも、それならなおさら、私の話は鈴木さんのお役に立てると思います」。

さてどうだろう。保険屋さんのイヤ〜な感じが漂い始めたのではなかろうか。そこでさらに鈴木さんが、

「でも、保険には入る気はないですから。もしよろしければ資料だけ送っておいてもらえますか」

と食い下がるが、阿野さんは平然と、

「なるほど。先日も、鈴木さんのようにおっしゃる方がいましたが、やはりお会いしてよかったとあとで話していました。20〜30分程度でよろしいのでお時間いただけますか」。

こんな具合である。

他の人が喜んだかどうかなんてことは、鈴木さんにとっては全く関係ないこと。しかし外資系生命保険会社は、この「他の人もみんな喜んでいるから」という言い回しが大好きなのである。わざわざ「第三者の影響力」などという言葉を使って、何か相手にすすめにくいことをいう時は、「みんな喜んでます」という「影響力」を使うようにと指導される。

それにしても、要するに「会いたくない」といっている鈴木さんに対し、それを全く意に介さない阿野さんのセリフはいかがなものだろうか。

初対面のお客様に対する傲慢さ

外資系生命保険会社の営業マンは、例えば、以上のようなセリフを使って、日夜、営業トークの訓練をしている。もし、私が鈴木さんの立場だったら、途中でいきなりガチャンと受話器を叩き付けることは間違いない。それ以前に、そもそも最初のセリフから、私には立ち位置が間違っているように思われる。

もう一度、阿野さんの最初のセリフを見てほしい。阿野さんは、この時鈴木さんに初めて電話しているのである。「初めまして」の電話相手の鈴木さんに対して、どうして「鈴木さんのような方に大変役に立つと喜ばれている……」などという言葉をいえるのだろうか。そんなこと阿野さんにはわかるわけがない。常識ある人なら、せいぜい、次のセリフ位しかいえないのではないかと思う。

「実は、ご友人の××さんには、大変喜んでもらった話があり、ぜひ鈴木さんにもということでしたので、鈴木さんのお役に立てるかどうかはわかりませんが、一度、お話する機会をいただけないでしょうか」。

似てはいるが、このセリフをいう人と、最初のセリフをいう人とでは、立ち位置が全く違っている。つまり、後者は、自分の話が相手に役に立つなどと傲慢なことはいわない。ごく普通に奥ゆかしさが漂っている。それに対し、前者は、「相手のような方」には喜ばれると決め付けている。これほど傲慢で、相手を見下した態度もないと思う。しかも仮にご友人の××さんに本当に喜んでもらったとしても、それが鈴木さんに何の関係があるというのだろう。もし私がお客様の立場だったら、

「一度もお会いしたこともないあなたに、どうして私のような方に喜んでもらえる話だと断言できるのですか？　あなたは私のことを知らないのですよ。何より、私のような方って、一体どういう方だと思っているのですか」と問いただすだろう。

そもそも、人それぞれにお金や保障に対するニーズや考え方が異なる。その異なるニーズを引き出して、その人に最適な保険のプランを提案するというのが、横文字の肩書きを持つ外資系の営業マンが目指す保険の売り方だというのが会社の大義名分である。そうだとすれば、いきなりかけた初対面の人への電話で、相手にとって役に立つ話ができるかど

うかなんて、それこそ話してみなければわからないことではないか。価値観、考え方は、人それぞれ、十人十色なのだから。

ちなみに私は、このスクリプトを最初から全く信用していなかった。今、テレアポの例で述べたとおり、スクリプトに書かれたセリフの端々に、自分たちの傲慢さや、お客様に対するリスペクトの欠如、さらには常識の欠如が見て取れることも1つの理由だし、セリフの内容に道筋が通ってなくて、頭のいい人相手には、とても使えないと感じたからだ。

また同じ内容のことをいうにも、日本語として、もう少しこなれた表現というものがあるだろうし、そもそもこの程度の会話は、臨機応変にできるものだったので、下手に脚本など見ない方が、かえってスムーズに営業できると感じたからだ。

だいたい、お客様から何か拒否された時に、それに対してどう切り返すかという話法のことを、社内では「反対処理」と呼ぶのだが、そのネーミング自体が気に入らない。外資系生命保険会社にとっては、お客様への話など、1つの〝処理〟に過ぎないのだろう。そういう心がけだからこそ、お客様に嫌な想いをさせ、〝いくらナイフで切り付けてもかすり傷一つ付かない〟ような冷たい、話し方になってしまうのである。

こうして外資系生命保険会社の営業マンたちは、そんな無機質で傲慢なスクリプトという名の脚本を使い、ロープレを日常的に繰り返し繰り返し練習することで、暗記したセリフが自然と口をついて出てくるようにトレーニングされる。

社内には「ロープレ１０００本ノック」などという、おぞましい言葉まである。まさにその言葉どおり、毎日毎日、相手を見つけてはロープレでセリフの練習をして、最後は、ビデオに撮って採点までされて、次第に、無遠慮でしつこく、諦めない営業マンができ上がっていくのである。

これが外資系ならではのロープレというものの正体である。要するに、外資系生命保険会社の営業マンは、お客様と会話をしながら、そのニーズに従って保険を売っているのではない。一見、論理的だと見せかけたセリフを丸暗記することで、保険の押し売りをしているだけのことなのである。そして押し売りをする商品は、オーダーメイドという名前のワンパターン商品なのだ。

オーダーメイドは力量の差がモロに出る

「我々は、お客様のニーズにぴったりの保険を、まさにオーダーメイドで設計してご提案させていただいています」。

オーダーメイド保険。何て響きのいい言葉だろうか。外資系生命保険会社の営業マンは、自分たちが販売する保険は、国内生命保険会社のものとは異なり、一人ひとりに対してのオーダーメイドだと宣言する。しかし、売るものはおおかた決まっている。終身タイプの死亡保険と医療保険、それに定期タイプの収入保障保険や老後資金のための個人年金保険を加えるだけのことである。

もちろん、1つひとつは単体の保険なので、特約をパック詰めにする国内生命保険の商品とは、かなり趣は違うが、オーダーというよりは、決まったメニューから選択させて、サイズを合わせるというイージーオーダーという方がイメージに合っている。

それでも、保険の選択の仕方や、組み合わせ方、金額の設定の仕方を上手にやれば、十分にいい保険を作り上げることも可能だが、そこに1つ大きな落とし穴がある。それは、オーダーメイドだからこそ、設計する営業マンの力量次第では、いい保険にも悪い保険にもなりうるということである。

例えば、オーダーメイドでスーツを作ることを考えてみてほしい。どんなに一所懸命、正確に採寸し、上質な生地を選んでも、テーラーの腕やセンスが悪ければ、納得のいくスーツはできない。家を建てる時も同様だ。わざわざ設計士に設計を頼んでも、設計士のセンスや力量が足りなければ、いい家は望めないだろう。保険も同様である。どんなに「オーダーメイドで、あなたにぴったりの世界で1つだけの保険が作れます」といっても、設計する営業マンの技量次第、あるいは心がけ次第では、お客様にとってはかえってよくない保険を売りつけられるリスクがあるのだ。

外資系生命保険会社が販売するオーダーメイド保険は、ある程度設計の自由が効く分、担当営業マンの力量が問われる商品なのである。そしてその力量のほどは、単にセリフを覚えさせられて営業しているような営業マンであれば、推して知るべしということなのだろう。

独身者に、大きな保障の終身保険を売るロープレもある

本書では「独身者は生命保険は不要」で、その時期は自己投資と貯蓄に精を出すべきだというスタンスであることは、第1章で書いたとおりだ。しかし、外資系生命保険会社には、独身者に対して、大きな保障の終身保険を売るスクリプトが存在する。これには驚か

された。

それは例えば次のようなものである。独身者に対して、

「今、あなたが亡くなったら、誰が葬式を出すのでしょうか。あなたの親は、そんなことを想定もしていないでしょうし、それなのに親に負担させるのは親不孝だと思いませんか」

などといって、独身者に終身保険への加入を切り出したり、

「また仮に死なないまでも、高度障害状態になったら、その治療費などは、親が一生面倒を見るのですか」

などと、再び親不孝な負担を理由に、保障の必要性を喚起したりするのである。

「高度障害」とは、死亡に準じる非常に重たい障害状態のことで、例えば両目の視力を永久に失うとか、言語またはそしゃくの機能を全く永久に失う、両手や両足の関節以上を全く永久に失うなど、その具体的な状態が生命保険の約款に定められている。

確かに、本当にそんなことにでもなって、一生寝たきりにもなったら、親に対して申し訳ないとは思うかもしれないが、独身の若者に、そうまでして生命保険に入らせることが、営業マンとしてやるべきことだとは、私にはどうしても思えなかった。

独身の若者が死亡する確率ももちろん低いものだが、それが高度障害状態になることなど、またさらに輪をかけて低い確率なのだ。すなわち、それはもう本当にレアケースなのである。そうした独身者が独身のうちに亡くなる可能性や、高度障害になる可能性について、それがどれだけレアケースなことなのかについて、正しいデータを用いて説明することもなく、ただただ、そうなったら親不孝だという感情にだけ訴えるのは、ずるいやり方にしか思えない。何よりも、子どもを亡くして、その葬式代のことで子どもが保険に入っていなかったからといって「我が子は親不孝だ」などと感じる親がどこの世界にいるのだろうか。親のために生命保険に入ることが、親孝行なのだろうか。そんなことは絶対にありえない。

そんな営業トークで、独身者に5000万円の終身保険を売ったと得意満面の営業マンがいて、それを絶賛する外資系生命保険会社だったが、本当に彼は、自分の仕事に対して誇りを持てるのだろうか。私は、彼の人格そのものを疑ってしまうのである。

必ず資金がショートするライフプランのシミュレーション

外資系生命保険会社の得意技の1つに、お客様の一生をシミュレーションするサービスがある。仕事や年収、加入している保険、家族構成、希望進路や子どもの結婚年齢などを次々とパソコンに入力すると、一生涯にどれだけのお金が必要で、何歳の時にどれだけ資金が足りなくなるのか、といったことがすぐにわかるのである。そして、その足りなくなる部分をピタリと補うように生命保険を設計すれば、いかにももっともらしい提案ができるというわけだ。

しかし、このサービス、不思議なことに、まず間違いなく、すべての人が老後に資金不足になるようにプログラムされている。あのとおりに事が運ぶのなら、世の中、お金がなくて〝のたれ死ぬ〟高齢者ばかりになっているはずだ。

例えば、保険会社は、子どもの教育費は子ども1人につき最低でも1000万円の教育費がかかる。子どもが2人いると2000万円を用意しないといけないことになる。でも、あなたの身の回りに、子ども1人に最低1000万円の教育資金を用意できている人はどれ位いるだろうか。子どもが3人いる家では、その教育費に、最低3000万円も用意できているのだろうか。用意できてない人は、子どもの教育を諦めているのだろうか。そんなことはないはずだ。

要するに、そのシミュレーションでは、収入をギリギリにとらえ、支出はゆとりを持って多めに設定してあるのだろう。これを使うと、だいたいの人は、老後に数千万円程度、資金不足になってしまう。しかし私の身の回りで、多くの高齢者が、しっかり楽しそうに暮らしている。このシミュレーションが正しくない、紛れもない証拠ではないだろうか。シミュレーションが正しいなら、そこらじゅうに、お金がなくて、食べるものも買えない高齢者が溢れているはずである。

いずれにせよ、外資系生命保険会社は、会社に都合のいいデータを駆使して、人生の危機感を煽り過ぎるきらいがある。保険契約に本当に必要なことは、危機感を煽ることではなく、正しいデータを正しく伝えることで、自分自身のリスク対策について考えるヒントを伝えること。そして保険に入れば、そのリスク対策がどれだけ可能なのかを示すこと。そこに勝手な結論を結び付けることが、「お客様を思う」ことではないはずだ。

必要な情報を提供したら、そのあとの判断は、あくまでもお客様自身で下すべきもので、お客様自身に冷静に判断してもらうことが、本当にお客様を思うということだろう。

保険という制度は、あくまでも人生のリスクに対して、自己責任でリスクマネジメントする仕組みである。営業マンが考えるべきは、お客様が保険を使うことで自己責任を取れるように助言し、その適切な仕組みを提案・販売すること。そこを勘違いしてはいけないのである。

保険料は年収の１割まで取れ!?

ところで私が外資系生命保険会社入社時に受けた研修で、講師が力説していた話に、「これはひど過ぎるな」と感じたことがある。それは「保険料はお客様の年収の１割まで取れ」というものだった。このタイトルだけでも想像が付くと思うが、もうこうなるとコンサルティング営業でも何でもない。提案する保険の内容以前に、まずいくらお客様からお金を搾り取れるか。そこに関心がいってしまっているのだ。

その講師の言い分はこうだ。

「保険料が高いからと契約を渋るお客様がいるが、みなさんには、お客様の年収の１割を目安に保険を取ってほしいと思います。年収が500万円の人であれば、その1割の50万円が年間の保険料です。つまり月々4万2000円位までは保険料を支払うことができるはず。その辺りで勝負することを念頭に置いてください」。

本書で提案する支払う保険料の目安は、年収の1~2%だ。その5~10倍を、外資系生命保険会社の営業マンは、あなたから取りに来るのである。

ここで、ちょっとご自分の毎月の給料を考えてみてほしいのだが、自分の額面給料の1割を、あなたは保険料として毎月支払う気持ちがあるだろうか。実際はボーナスを含めての年収なので、額面給料の1割よりも、さらに保険料は高くなるが、どうだろう。「そんなに払う気はない」というのが多くの人の実感ではなかろうか。

この「年収の1割までは保険料を取れる」という外資系生命保険会社の言い分の根拠は、次のようなことなのである。つまり、「普通の家庭では、生命保険に払う保険料とは別に、銀行や証券会社に貯蓄をしている。その貯蓄に回すお金を、保険に全部入れてもらえばいい。そうすれば、年収の1割程度なら、保険料として捻出できるはず」。こういう理屈なのだ。本当に生命保険会社というのは、自分勝手な考え方をするものである。

しかし保険会社のいうように、預貯金を保険に回しても、果たして本当にいいものだろうか。それは私は間違いだと思う。その理由は以下のとおりだ。
保険という制度は、相互扶助の制度である。保険を売る人なら誰しもが、まず初めにそこから勉強をスタートする。相互扶助であるから、毎月支払う保険料は自分の財産ではない。これは基金である。あくまでも相互扶助に加わるみんなのための共有の準備金である。毎月積み立てて、それに利息が付いていく積立預金が自分の固有の財産であるのに対し、保険料というのは、あくまでも共有財産として預ける、保険契約者みんなのお金である。自分の預けたお金は、みんなの保障に使われ、みんなが預けたお金が、自分に万が一のことがあった時に使われる。「一人は万人のため、万人は一人のために」というのが、生命保険なのである。

そうだとすれば、共有財産としての保険料に、固有の財産である貯金分をつぎ込んでしまうというのはいかがなものなのだろう。確かに生命保険には、預金的な意味合いもある。解約返戻金がある終身保険や、満期が来たら満期金が戻ってくる養老保険などは、いわゆる「貯まる保険」として、預貯金的な価値がある。しかも、世の中は超低金利時代である。銀行の定期預金にいくらお金を入れておいたところで、利息など雀の涙にもならない。一方で、例えば、外貨建ての終身保険にでも入れておけば、預金よりもはるかに高い利率で、解約返戻金が貯まっていく。

しかし、だからといって、いざお金が必要な時に保険を解約したのでは、最初に控除される手数料が大きい保険では、加入期間が短いと元本割れをして損をすることはわかりきっているし、超低金利の今、保険という長期商品に資金を固定するのは、リスクが大きいだろう。

金利の問題以前に、預貯金は預貯金で、生命保険とは別のアカウントとして確保しておくというのが正しい考え方で、それをごちゃ混ぜにしてしまうのはどうかと思う。それを全部保険に入れさせようなんて、まさに自分の都合しか考えない保険会社の横暴である。

「一生守る」なんてウソはやめよう

外資系生命保険会社の営業マンたちが口癖のようにいいたがるセリフの1つに、「私があなたの家族の一生を守ります」というものがある。第2章で、例として紹介したIさんは、まさにこのセリフで、その気になってしまったのだ。しかし冷静に考えてみてほしい。

私がもし一生かけて、契約者の保険契約の面倒を見るのだとすれば、確率的に、保険の契約者は私よりみんな年上ばかりでなくてはならないことになる。契約者よりも私が先に死んだのでは、一生守ることなど物理的に不可能だからだ。

それなら、営業マンよりもお客様の方が若い場合の保険契約はどうするのか。普通に考えれば、保険の契約者よりも、営業マンの方が先に死ぬ。私が「一生守る」などと口にする営業マンは、自分よりも若いお客様とは契約しないのだろうか。もちろんそんなばかげたことなどあるはずはない。

それよりも本当に大事なことは、「一生守る」などという、センチメンタルな虚言を吐くことよりも、営業マンが死んだ時、会社の中で、どのような手続きで誰に契約のアフターケアが引き継がされるのか、その時、契約者はどんな手続きをすればいいのか。そういう情報をきちんと相手に告げることであろう。そしてそれが本当に「お客様を思う」ということであって、できもしない「一生守る」などという、芝居がかったセリフを吐くことでは決してないはずだ。

最近では、通販やインターネットで生命保険を契約する事例も増えているので、そういう場合は保険会社のコールセンターが、お客様の面倒を一生見ることになるのかもしれない。

「私が一生守る」などというセリフは、実現不可能なまやかしに過ぎない。そのセリフが出てくる背景には、外資系生命保険会社に特有の「保険＝愛」的な新興宗教臭い価値観があるのではないかと思う。

結婚式に付きもののセリフ。「一生あなたを愛します」。その真偽はともかく、そういう言葉で永遠の愛を表現するのは、どことなく、外資系生命保険会社のノリに近いものを、私は感じてしまうのである。

「私は愛のメッセンジャー、だから、あなたの家族を一生守ります。だから私を信じて、私の保険に入ってください」。

そういう愛情溢れた演出で、お客様の感情を動かそうとしているとしか思えない。かつて私の上司には、「保険は金融商品ではない。愛だ」と臆面もなく口にする人がいた。完全にマインドコントロールされた状態なのだと私は感じた。こんなことをヌケヌケという保険会社あるいは営業マンを、あなたは信じられるだろうか。

「無知がもっと無知に売る」からこその弱点

外資系生命保険会社に就職して、私が実際に驚いた出来事をいくつかランダムに紹介したが、何となく外資系生命保険会社の営業マンのイメージがわかったのではないだろうかと思う。彼らがやっていることは、お客様を自分たちの信者にすること。そのために、ロープレという暗記したセリフを使うこと。自分たちに都合のいいデータで、お客様を煙に巻くこと。そうやって、オーダーメイドという名のワンパターン商品を売ることなのである。

そして彼らが使うセリフを見るとわかるが、彼らはお客様が自分たちよりも頭がいいことを想定していない。もっというと、「無知がもっと無知に売る」商売を地でいっているのである。だから、想定内の出来事に対しては、完璧に強い態度で押してくる。しかし、一度、想定外の事態になると、意外なもろさを露呈するのだ。想定外の事態とは、もっとも下世話な言葉でいえば、「お客様が自分たちより頭がいい」という事態である。

だから、もしあなたが、外資系生命保険会社の営業マンのしつこい電話や、訪問に困っているのなら、それを撃退するのは、意外と簡単なのである。もし、電話ですぐにでも話をやめてほしければ、次のようにいえばいい。

「我が家の生命保険のことは、専属のＦＰさんと、税理士さんと相談の上、プルデンシャル生命にしっかりと入っています。なので、あなたと話をする必要はありません」。

こういうお客様に対して、それを跳ね除けるスクリプトはない。まさに想定外の状況である。営業マンとしては、自分の知識で、ＦＰと税理士を相手に打ち負かす自信はない。ましてや入っている保険がプルデンシャルであるというのも、相手はちょっと引いてしまう。というのも、この章で紹介したような外資系生命保険会社の販売トークや手法は、もともとプルデンシャル生命で開発され、体系作られているという。だから、外資系生命保険会社の営業マンは、多かれ少なかれ、プルデンシャル生命という会社には一目置いているのである。

また、もし外資系生命保険会社の営業マンと会って話をしなければいけないのなら、徹底的に質問攻めにするのも面白い。しかしそのためには、自分も多少の知識を持ち合わせていた方が都合がいいのはもちろんだ。最初のうちは、「何も知らないから教えて！」という顔をして、いろいろと聞いてみるといい。特に税金がらみのことを聞くと、営業マンのレベルがそれとなく見えてくる。

例えば、

「この保険は、解約返戻金がどんどん増えるので、契約して10年後には108%の利回りになっています」

などというような営業マンには、次のように聞いてみるといい。

「この解約金を受け取る時は、税金はどうかかりますか。そして、それをふまえた利回りはどの位になるでしょうか」。

そこで、一時所得の所得税や贈与税のことをきちんと説明し、その上で、利回りの概算を、計算機ではじき出せるような営業マンであれば、そこそこの知識は持っていると思っていいだろう。あるいは、次のような質問でもいい。

「契約者を私にした場合と、妻にした場合、税金的にはどちらが得なのでしょうか」。

こうした税金面の質問は、営業マンが、保険を加入時だけのことでなく、保険金の受取時のこともきちんと考えているかどうかを見極める試金石にもなるので、ぜひ一度聞いてみることをおすすめする。シドロモドロになっているようでは、「契約さえ取れればいい」と考えている営業マンだと思っていいだろう。

なぜか決断を急がせるクロージング

外資系生命保険会社に入ってから疑問に思っていることは、実はそれ以外にも多々ある。例えば研修でも朝礼でも、その他キックオフ会やイベントなどでも、ことあるごとに繰り返し何度もいわれること。それは、

「お客様にすすめる保険は、まず自分が入ってなければいけない」

という呪縛めいた言葉である。

お客様にはすすめておいて、営業マン本人がそれに入っていないのでは、説得力がないという理屈である。一見、これは「なるほどそのとおりだ」と勘違いしやすい。まともな営業マンでも、このことには納得している人が多い。しかし、果たして本当にそうだろうか。

私は最初から、その言葉には疑問を感じていたが、そのあとの営業経験を経て、さらに代理店として独立した経験もふまえて、ますますこの理屈は間違っていると強く感じるようになった。

まず何より、外資系生命保険会社だって、常日頃、このことに自己矛盾することをいっているではないか。

「お客様にはそれぞれが違うニーズや考え方があるのだから、そのニーズをライフコンサルタントがきちんと引き出して、それにぴったりと合った、世界に1つだけの商品を提案できなければいけない」。

その理屈が正しいのなら、お客様と営業マンだって同様で、全く違うニーズ、価値観で生きている人間なわけで、お客様にすすめるものと、営業マンが入るものは異なっていてあたり前。お客様にすすめるなら営業マンも入っていなければいけないという理屈は、自己矛盾そのものだろう。お客様はお客様、自分は自分である。自分のニーズとお客様のニーズの違いを客観的に見つめることもできないで、どうして多くの人に保険を売ることなどできようか。

もちろん営業マンは、お客様のために最善を尽くさなければいけないことは間違いない。もしお客様が私の加入している保険のことを知りたがったら、私ならそれについては隠すことなく真実を伝え、「なぜあなたにすすめる保険と私が入っている保険が違うのか」、その根拠もきっちりと伝えるだろう。私とお客様とでは、保険に対する考え方も違えば、価値観も、好みも、財政事情も違うのだから、入る保険は違ってあたり前。だから私は、決して「私もあなたと同じ保険に入っていますよ」なんて気休めをいうつもりはない。

事実、これまで私のそうした説明を聞いて、お客様に納得してもらえなかったことは一度もない。むしろニーズの違いについて、しっかりと理解してもらえて、保険を売る際のプラスになっている。

比較ができないことが自らの限界

ただ残念なことは、特定の会社のサラリーマンである営業マンが、いくらお客様のニーズに合致しているからといっても、他社の商品を売るわけにはいかないし、それを比較材料として、お客様に提示するわけにもいかないこと。もしお客様側に、他社の保険商品と比較した上で保険に入りたいという気持ちがあるのなら、お客様は自分自身で、いくつもの会社を比較検討する必要があるわけだ。しかし実際は、それはとても面倒で、かつ難しい作業である。

１人を相手にするのでさえ面倒な保険会社の営業マンと、わざわざ複数人に連絡を取り、彼らが自分本位で提示するウソか本当かわからない提案を冷静に比較、吟味し、結論を出す。これは仮に専門知識がある人にとっても、たやすくできることではない。

生命保険会社としても、他社と比較されて保険商品を検討されることを好ましいとは感じていないだろう。私がいた会社でも、前述したようなロープレを駆使して、お客様が他社との商品比較をしないように、あの手この手のセリフが用意されている。

何より、お客様に保険商品の提案（プレゼン）をしたら、その場で決断（クロージング）してもらうのが、外資系生命保険会社のセールスプロセスの大原則。時には、「今まで私を信用してもらって、お互いに納得できるプランを提案し、理解いただいたはず。それでも、まだ他社と比べたいとおっしゃるなら、今までの話はなかったことにしてください」などと、捨てゼリフを吐くことすらある。これは体のいい脅しだと私は思っている。

比較するということは、買い物をする時の、基本的な情報収集活動だ。ごく自然に考えれば、保険のような高額の商品を買うのに、他との比較を全くしないで買いましょうと決断することの方が、よっぽど無理がある。生命保険会社だって、「保険は家の次に高い買い物だ」といっているではないか。そんな高い買い物を、何も比較せず、即断して買えと、外資系生命保険会社はお客様に要求するのである。

クルマを買うにしても、最初からこれと決まっているならともかく、乗り比べてみたり、カタログを見比べたりすることを「おかしい」などという人はいないだろう。1つの商品に満足しているからといって、「だから比較は必要ない」という理由には決してならないのである。

どんなに納得する商品でも、比較してさらに納得することが、私は理性的な行動だと思う。結果的に同じ結論に行き着くにしても、お客様にすれば、いろいろと比較した上で、自分を納得させて、自分で結論に辿り着きたいのである。そしてそうやって行き着く方が、はるかに安心できるプロセスであることは間違いない。

私がいた会社では、とにかく「お客様とは多くて3回、早ければ2回の面談で、できるだけ早く商談をまとめろ」といわれる。「お客様に悩む時間を与えるな」ということである。確かに保険とは、何かトラブルが起きていない普通の時には必要性を感じない商品だし、そうである以上、どこかでお客様に決断をさせないと、ズルズルと決断を先に延ばし、結局、決断しないおそれもあるのは確かだ。しかし、初めて、お客様に商品をプレゼンした時に、同時にクロージングまで持ち込み、あわよくば契約までさせるのは、私は絶対におかしいと思う。

いろんなトークで、お客様の気分を盛り上げ、熱を高めておいて、その熱が冷めないうちに契約ということなのだろうが、それは、逆にあとから、「こんなはずじゃなかった」という後悔を必ず感じさせることにもつながる。「どうしてあんなに急いじゃったのだろう」、「もっとゆっくりと考えればよかった」と。

私は、あるお客様から、クロージングの場面でこんなことをいわれたことがある。

「私には、今まで保険のことでいつも相談している信頼している代理店もある。必ず相談する税理士もいる。今日、あなたが提案してくれた内容は魅力的なことは十分わかるが、それを今すぐ決めろというのなら、それはこちらの望むプロセスではないので、これまでのすべての話はなかったものとして帰ってほしい。私は自分のリスクマネジメントを自分のペースで自分のやり方で考えたいのだから。しかもあなたのいないところで、もう一度ゆっくり考えたい。それをさせないというのなら、あなたはもう必要ない」と。

このお客様は、実は私の古くからの仲間で、お互いに信頼関係のある人だ。だからこそはっきりとものがいえる。そして、彼がいっていることは私は正しいと思う。保険に入るなら、自分自身で十分に考えるべきだ。比較をしたければ比較した方がいい。専門家の友人もいるなら、相談もすればいい。すぐ決めなければいけないなんて、保険会社の都合である。それこそ、お客様は自己責任において、じっくりと決めるべきである。営業マンの仕事は、そういう人の背中を押すことではない。そういう人の決断のヒントを与えることだけだ。そしてその際に、他社との比較を許されないこと、他社の商品が扱えないことに、一社専属の営業マンとしての限界があることを知るべきである。

私個人のやり方をいえば、私はクロージングは一切しないことにしている。とにかくお客様と信頼関係を築き上げ、徹底的に保険の内容、仕組み、あり方について納得してもらうことに集中し、そこまでいけばあとは、「自分で決めてね」といって放っておく。保険のニーズや加入することの意義がきちんと、お客様の心に刺さっていれば、お客様は必ず後日電話をしてくる。

とにかく、営業マンのペースには決して乗らないことが大事である。

第4章

あなたにピッタリの保険リストラ術

「通勤も、生命保険も、
『定期』を使うのが一番、合理的…」

第4章は、今入っている保険をどうすればいいのか、
新しく入るには何にどう入ればいいのかなど、
自分の保険の見直し方、リセットの仕方について
説明します。本書は一貫して、定期保険、
収入保障保険だけをおすすめしています。

ここまで読み進めてきて、多くの人にとって生命保険の必要性は、実はそれほど高くないということ、今入っている保険を放っておくと大きな損害を被るかもしれないこと、見直そうにも生命保険会社の営業マンは信用ならないことなどがわかっていただけたことと思う。しかも既述のとおり、日本人の9割はすでに何らかの生命保険に加入しており、ライフネット生命の調査では、加入者の77%あまりの人は自分の保険を見直したいと思っている。となると読者のみなさんが今直面している問題は、「今さら必要性がないといわれても、それじゃあ、今入っている保険はどうすればいいのか」ということになるだろう。

この章では、そうした疑問に答えるべく、今入っている保険をどうすればいいのかについて説明したいと思う。とはいっても、入っている保険は人それぞれ異なるし、保険に対する考え方も価値観も違えば、職業も収入金額も違うわけで、一概に「こうしなさい」という簡単な答えを書くことはできない。「保険をどうすればいいのか」という問いに対する答えは、10人いれば10通りはあるのだ。

ただ本書のスタンスは、必要最小限に生命保険を考え直すことなので、すでに契約している保険について、不要な部分には、もうこれからは不要な保険料を払わないこと、逆に本当に必要な保障が足りなければ、それを足りるようにすることが、これから考えるべきことの中心になると思う。そこで、その具体的な考え方や注意点を説明する前に、まず最初にあなたがやるべきことは、今一度、自分にとって本当に何が必要なのかを確認し、同時に自分が入っている生命保険の内容を把握することである。己を知らなければ適切な対処はできないのだ。

保険会社のコールセンターを120％使い倒せ！

まず自分が加入している保険の内容について、細かく知ることから始めよう。お手元に保険証券はあるだろうか。そもそも、それすら見あたらない場合は、証券の再発行からスタートだ。なぜそんなことを書くかというと、私の保険営業の経験から見ても、生命保険の保険証券を紛失して見つけられない人は、決して少なくないからだ。家の次に高い買い物をしている唯一の証である保険証券だというのに、それを紛失すること自体、生命保険に対する意識の低さを物語るものだろう。

保険証券を再発行するのに、もっとも簡単な方法は、保険会社のコールセンターに電話することだ。ほとんどすべての会社にフリーダイヤルのコールセンターとか、お客様相談室といった窓口が用意されているので、そちらで保険証券の再発行手続きをしよう。コールセンターの番号がわからない方には、本書巻末に一覧表を付けたので、参考にしてほしい。またインターネットで「生命保険文化センター」のホームページを開き、そのページの上部にある「生命保険相談のご案内」というタブをクリックすると、そこでも一覧で見ることができる。

さて、手元に保険証券がそろったら、これをじっくりと読み込んで、自分の保険の中身を知ることから始めよう、などという気は全くない。保険証券だけを見たところで、素人にはまず何が何やらさっぱりわからないはずだからだ。プロでも、各社の保険証券の中身をしっかりと理解するには、いろいろな資料などを引っ張り出してきて読み込む必要があるなど、相当に苦労を要する作業なのだ。というのは、特約の1つを取っても、契約年が1年違うだけで、中身が全く違っていることもザラで、それをすべて間違いなく理解するのは、素人であれば、最初から諦めた方がいいからだ。

そこで何をするかというと、先ほどのコールセンターに再び登場願うのである。どうせフリーダイヤルで通話料は無料だし、契約についての問い合わせは、契約者の権利でもある。自分の入っている保険の内容について、納得のいくまで、コールセンターで質問すればよい。また会社によっては、担当者を伺わせるというところもあるだろうが、もし担当者とは話をしたくないのであれば、遠慮せずにその旨を伝えよう。また担当者でも構わないのなら、その担当者を徹底的に質問攻めにすればいい。とにかく、自分に疑問や不満を残さないように、コールセンターや担当者に自分の保険の内容を確認し理解しよう。

ここで注意が必要なのは、コールセンターのオペレーターや保険の担当者と話している時は、たいがいの人は、自分の保険について理解した気になってしまうことである。しかし、いざ、自分ひとりになると、実はよくわかっていないことがたくさんあったりする。そこで、きっちりと説明を聞いたら、次に、その内容について、自分の奥さんやご主人に、説明してみよう。死亡保険金の受取人は、その相方なわけだから、当然、あなた同様、あなたの保険の内容について知っている必要があるし、相手にそれを説明することで、自分がどれほど理解できているのか、あるいは理解できていないのかが、よくわかるからである。それで相手に説明ができるようなら、ひとまず合格。説明できない部分があるのなら、再度、その部分だけでも、コールセンターに問い合わせて、確認を入れておこう。

また、保障の内容だけでなく、もし今、それを解約したら、解約返戻金はいくらあるのか、更新タイプの保険なら、次回の更新時に保険料がいくらになるのか、それにその保険の予定利率は何%か、なども、必ず確認しておくことを忘れないようにしよう。そのような数字は、自分ではどうがんばったってわからないこと。とにかく、わからないことは、すぐにコールセンターに電話をして、解決する習慣を身に付けよう。担当者は、必ずしもそうとはいえないが、コールセンターは、契約者にとって、強い味方になる。ここを120%上手に使いこなすことを心がけることが大事である。

自分の保険の内容を理解できたら、次は、その内容が、今の自分に本当に必要なものなのかのチェックである。契約時から時間が経てば、当然、必要な保障の中身も変化している可能性がある。仕事環境や家族の状況、財産状況など、いろいろなことが時間とともに変わっている。しかも今の時代は、転職することなどあたり前になってきているし、それにより社会保険の中身や収入なども変化していることもある。そんな変化に、自分の入っている生命保険が、きちんと対応できているのかどうか。保障の額が、大き過ぎたり、小さ過ぎたりしていないのかどうか。子どもがもう大きくなっていて、それほど大きな保障が必要なくなっているのではないか。貯金が増えた分、保障を減らせないかどうか。ローンや借金が減って、もうその分の保障は必要ないのではないか等々、いろいろな角度から、その保険の内容が、今そして将来の自分の生活に合っているかを確認しよう。

保険の種類別、見直し・解約のポイント

さて自分の保険の内容を調べて理解できたら、いよいよ見直しを考えることにしよう。といっても、実はそれほど難しいことはない。

■定期保険の場合〜対処方法はもっとも簡単

まず、定期保険である。自分が入っている保険がすべて定期保険だけだとしたら、見直しは一番簡単だ。例えば、10年満期のタイプで、死亡保険金が2000万円といった死亡保険に入っていたら、この保障内容が必要かどうかを判断し、必要ならそのまま残せばいいし、もう不要だと判断するなら、解約してしまえばいい。基本的に定期保険の場合は掛け捨てで、解約返戻金は多少はあっても期待できない。だから解約も、気軽にできるメリットがあるし、同様の内容の保険で、もっと保険料が安い保険などがあれば、それに乗り換えることも身軽に行える。

ただし、これはどの保険にも共通していえることだが、今の保険を解約して、新たな保

今入っている保険の見直し方

定期保険

- 必要なら → **「残す」or「減額」**
- 不要なら → **「解約」する**
- 健康なら → **もっと安い保険に入り直す手も！**

終身保険

これまでに払った保険料と戻ってくる解約返戻金のバランスで考えるのが基本！

- → **「解約」「払済」「減額」から選択！**
- → **“お宝保険”“低解約型”“定期付き”“アカウント型”など、種類によっても対応が異なる！**

医療保険、がん保険

- → **基本的に不要なので「解約」が本書のスタンス！**
- → **保険商品の進化に期待して、あえて定期タイプにする手も！**

＊今の保険料を解約して、新たに入り直す時は、
保険に切れ目を作らないように注意しよう！

険に入り直す時は、今の保険と新たな保険の間に、保障の切れ目を作らないように気を付けよう。たまたま切れ目になった短い期間に、万が一のことが起きないとは限らない。例えば、今の保険の保険料の引き落としを銀行で止めてもらえば、保険料を月払いにしているなら翌月いっぱいまで、年払いなら翌々月の契約応答日までは、保険契約は猶予期間として継続しているので、その間に新しい保険契約を完了して、契約が成立したあとは今の保険を解約すればいい。

2000万円の保険金はもう必要はないが、1000万円は残しておきたいのであれば、保険金額を2000万円から1000万円に「減額」すればいい。減額という手続きは、保険金額を下げることで、保険料も下がるが、下げた分の保険は解約したものとして取り扱われるので、タイミングによっては、多少の解約返戻金が戻る場合もある。

また、減額しても特約は残るので、特約などを残しておきたい時にも減額は有効である。ただし、保険会社によって減額できる最低保障額を残さないといけないので、どこまで減額できるかは、コールセンターに確認してみるとよい。

減額の手続きをしたければ、これまたコールセンターに申し出すればいい。証券番号や、誕生日の確認など、契約者本人であるこの確認が取れれば、手続きのための書類を送ってくれるだろう。

定期保険の目的が、例えば、借金の返済の途中で万が一の状態になった時の備えのためであれば、返済が進むにつれて、必要な保障の額も減っていく。だとすれば、いつまでも保険金額が一定の定期保険ではなく、保険金額が時とともに次第に減っていく逓減型の定期保険とか、収入保障タイプの定期保険にすることも、検討の視野に入れてみるといい。普通の定期保険よりも、保険料が安く無駄なく合理的に保険をかけることができるだろう。

ただ、新たに保険の契約をする場合、保険金額とあなたの年齢、性別によっては、告知書だけでなく、医師による診査も必要になるし、またあなたの健康状態次第では、保険に入れないこともあるので、そのあたりの条件はコールセンターに確認するとよい。健康状態に自信がなく、新たな保険への加入が難しいようなら、やはり「減額」をするのが無難である。

■終身保険の場合①〜解約、払済、減額を考える

次に終身保険の見直しだ。実は、これが一番複雑で難しい。というのも、終身保険の場合、解約返戻金があるので、経過年数によっては、総支払額とのバランスや、新たに入る

保険との兼ね合いで、判断がしにくいからだ。まずは、今すぐに解約したとして、いくらの解約返戻金が戻ってくるかをコールセンターで確認し、同時に、今までいくら保険料を払ってきたかの合計を計算して、そのバランスを見ることから始まるわけだが、終身保険と一口にいっても、いろいろなタイプがあることが、話をさらにややこしくするのである。

例えば、予定利率が高かった時の、いわゆる〝お宝保険〟(詳しくは後述)があったり、解約返戻金を保険料払い込み期間だけ低く抑えているタイプの終身保険があったり、はたまた定期付終身保険やアカウント型保険の主契約になっていたりと、一口に終身保険といっても、それぞれ考えなければいけない要素が異なるので、それらはまた順番に個別に説明しようと思う。

というわけで、まずは、終身保険の一般的な考え方から話を進めよう。例えば、今まで、合計で300万円の保険料を払い続けてきて、今解約すると150万円の解約返戻金しか戻らないとしたら、あなたならどうするだろうか。さすがに「150万円程度の損なら構わない」と言い切れる豪傑は少ないのではないだろうか。では、今まで、70万円の保険料を払ってきて、解約返戻金が35万円だとしたらどうだろうか。これなら解約してもいいと考える人もいるのではないだろうか。

そこで、これらの処理方法として、前者の場合は「払済《はらいずみ》」にする手が考えられる。つまり300万円払って、150万円返ってくるだけでは、解約はまだしたくない。しかし、かといって今後、保険料も支払いたくない場合、今すぐに保険料の支払いを止めて、それまで積み立てられたお金を使って、保険期間はこれまでと同一で、保障が減額された生命保険を買う方法が払済なのである。

払済にすると、保険金額は少なくなるが、以後、保険料の支払いは不要となり、解約返戻金は、保険加入時の運用利率で運用され続けることとなる。この場合、保険料で新たに保障を買う部分に回る金額が少なくなることにより、実質的な解約返戻金の運用利回りは上昇することになる。それが払済の大きな特徴だ。

ただ、払済にする際に注意すべきことが2点ある。1つは、その保険契約に付随する特約はすべて、払済にした時に消滅すること。もう1つが、払済にするには、保険会社によって、払済にできる最低保険金や払済を受け付けない保険があるということ。特約が不要で、さらに最低ラインもクリアできるのであれば、払済にしてしまえば、そのあとは保険料を払わなくて済むので、そのあと、新たな保険に入り直す時にも、有効である。

また、払い込み期間が、あと残り3年程度まで来ているような場合は、最後まで保険料を払ってから解約することも検討してほしい。その際には、いくらの解約返戻金があるのか、ぜひ、コールセンターに確認しておくことだ。

では、後者のようなケースはどうすればいいのだろうか。つまり、まだ契約からせいぜい3年程度で、払い込み保険料も少なく、それに対する解約返戻金もわずかな場合だ。先に紹介した払済の方法は、保険会社によって、変更できる最低限度の解約返戻金が設定されている。後者のように、解約返戻金が30万円ばかりでは、仮に払済にできても、それで買える終身保険はせいぜい50万円弱だろう。あなたはそんな小さな終身保険が必要だろうか。この程度の金額なら、つまり、加入してから2〜3年程度の終身保険は解約した方がいいだろう。

つまり、ここまでをまとめると、終身保険で、加入3年程度で、支払保険料も、解約返戻金も少ない場合は、解約するということ。それ以上の加入期間があり、解約返戻金も、そこそこ増えてきている場合は、それを増やすために、「払済」にして、そこで保険料の支払いをストップし、解約返戻金が増えるのを待つということである。

ただし、すでに長い期間、保険料を支払い続け、あと支払いが残りわずかの場合は、あなたの価値観による判断となる。つまり、最後まで払ってしまって、一生涯の保障を残すのか、保障がそもそも不要なのであれば、解約しておそらくかなりの額（場合によっては支払った保険料以上）の解約返戻金を受け取る手もあるだろう。必要最低限の保障額に減額して、減額した分の解約返戻金を受け取ることも可能である。その場合に1つの目安になるのが、自分の葬儀代である。一般的に、葬式の費用はすでに墓地の用意があれば200万円程度、それがなければ400～500万円といわれる。しかし、ここでいう葬儀代というのは、そうした墓地などにかかるすべての費用のことをいっているのではない。実際に亡くなった時に最低限、すぐに支払いが生じる費用のことをいっているのである。

というのも、亡くなった人の預金口座は亡くなったと同時に〝凍結〟され、相続関係が決まって、相続人全員の印鑑を押した書面を提出しないことには、自由に引き出すことができなくなるからなのだ。それが不便なので、「葬儀代位は生命保険で準備しましょう」という言い方をするのである。生命保険の保険金は、受取人の口座に入るので、凍結されずに済むからだ。なので、とりあえず、自分の葬儀代として、当座必要になる金額位は、終身保険にして残しておくというのも、1つの考え方である。

いずれにしても、自分にとって必要な保障、支払った保険料総額、解約して受け取れる解約返戻金の金額、今後必要な終身保障の金額などを検討して、一番いいと思える手段を選択すればいい。

■終身保険の場合②～〝お宝保険〟だって、解約することはありうる

ところで、読者のみなさんは、〝お宝保険〟という言葉を聞いたことがあるだろうか。その名のとおり、持っていると〝お宝〟としての価値がある保険。つまりかつてまだ金利が高かった時代の終身保険のことで、積立部分の金利も、今では考えられないほど高いため、安い保険料で高い保障が買え、さらに解約返戻金も増える保険のことである。おおむね、1970年代後半～1999年3月までに契約したもので、予定利率は最低でも2・75％、ピーク時では5・5％もあったのだ。

保険会社としては、そのあとの低金利時代に、こんな高金利の〝お宝保険〟を継続されると、運用利回りが予定利率を下回って損が出てしまう、いわゆる〝逆ざや〟状態に陥るため、こうした〝お宝保険〟を狙って、予定利率の低い新たな保険になりふり構わずに転換させるのに躍起になったり、経営破綻したりという暗い過去もある。

逆に契約者にすれば、こうした高金利の保険契約は、絶対に解約せず、持っていた方がお得というのが一般的には常識的な考え方だ。確かに、予定利率が高ければ、同じ保障を

えるのにかかる保険料は安く上がる。だから解約せずに、そのまま継続させるか、ある時点で保険料を払うのをやめ、払済にして、死亡保障を下げても、解約返戻金を増やすのに、高金利を生かすというのは理にかなっている。しかし、だからといって、〝お宝保険〟であれば、必ずそのまま持つべきかどうかは、結局、契約者の考え方次第。その決めるポイントは本当に必要な保障は何かを見極めることにかかっている。

ここで紹介するOさんは、そんな〝お宝保険〟を、ある時スパッと解約して、現在、とても満足している、私のお客様の1人である。Oさんは、相談時55歳だった。もともと私の古い知り合いで、彼の家庭の保険関係は、家の火災保険から自動車保険、家族の生命保険にいたるまで、すべて私が担当させていただいている。

Oさんは、若い時分に奥さんを亡くしたために、まだ当時幼かった一人娘を受取人として、自分に1000万円の生命保険をかけていた。それがいわゆる〝お宝保険〟で、外資系の保険会社のその終身保険の予定利率は実に6%という高金利だった。しかしそれから20年が経ち、一人娘は独立して海外でバリバリと仕事。Oさん自身も、自立したキャリアウーマンと再婚。貯金もそこそこあるし、再婚した妻を受取人にして自身の葬式代程度の最低限の生命保険にも入っている。そこで、この〝お宝保険〟をどうしたらいいか、O

さんから相談を受けることになったのだ。

少なくとも、この〝お宝保険〟の契約の目的であった娘さんはもう独り立ちしていて、1000万円の保険金は必要ない。にもかかわらず、保険料の支払いはあと15年、つまりOさんが70歳になるまで残っている。ここはセオリーどおり、〝お宝保険〟なのだから、解約せずに払済にして、保障は下がるものの解約金を運用して増やすという選択肢はあった。しかし、Oさんは、解約金を増やすことよりも、今の解約金を使ってもっと「別な保障」を手に入れたがっていた。

そこでOさんに、保険会社のコールセンターに電話してもらい、まずこれまで払い込んだ保険料の合計と、今それを解約した時の解約返戻金額を確認してもらった。すると、Oさんは、これまでの20年間で、約250万円の保険料を支払い、今解約すると返戻金は272万円ほどになることがわかった。さすがに6％の予定利率は大きく、支払期間15年を残し、すでに解約返戻金は109％にもなっている。しかも、あと15年間で180万円、合計約430万円の保険料で、終身の1000万円の保障が付くのだから、やはり6％はすごい。

しかしOさんに迷いはなかった。1000万円の死亡保険金には全く未練はない。娘が独り立ちした以上、Oさんにとってそれは何の意味も持たなかった。それよりもこの272万円の解約金を使って、自分の介護状態の保障を買いたい。再婚した奥さんはまだ若いので、もしOさんが介護状態になると、彼女には経済的にも、肉体的にも、精神的にも、長い期間、負担をかける可能性がある。その負担を少しでも軽くするために、この解約金を使いたい。死亡保障は最低限でいい。Oさんの考えははっきりしていた。Oさんが手に入れたがっていた「別の保障」とはそのことだったのである。

いろいろと調べてみると、Oさんにぴったりの保険が見つかった。「要介護段階2」以上で介護保障として、介護状態が継続する限り年金が出る保険で、しかももし介護状態にならなければ、死亡保障が出る。Oさんの解約返戻金を1つのメドに考えると、260万円ほどを一時金で入れれば、要介護状態が継続する限り、何年でも毎年50万円の年金が受け取れて、要介護にならなければ300万円の死亡保障を再婚した奥さんが受け取ることができる。Oさんの収支をもう一度確認すると、Oさんはこれまで払った250万円の保険料で、272万円の解約返戻金を手に入れ、その中から260万円を一時金で介護保険に入れることで、300万円の死亡保障か、介護状態が続く限り毎年50万円を受け取れるという保障を手に入れた。〝お宝保険〟の解約返戻金で、不要な1000万円の保障をやめて、再婚した奥さんに介護年金か死亡保障を渡すというものに保障を生まれ変わらせることに成功したのだ。

このＯさんの例でわかるとおり、今必要なものが自分で明確にわかっていれば、不要なものを柔軟に生まれ変わらせることができる。〝お宝保険〟だからといって、紋切り型に「解約しない」と考える必要はないのだ。

■終身保険の場合③〜低解約返戻金特則付き

終身保険の中には、我々保険の関係者が「低解約付き」と呼ぶタイプの保険がある。省略せずにいうと「低解約返戻金特則付《ていかいやくへんれいきんとくそくつ》き」の終身保険というものだ。これはやや説明が難しい。

どういうものかというと、保険料の支払期間が終了するまでは、解約した時の解約返戻金をおおむね通常の70%程度まで低く抑えておいて、保険料をすべて支払い終えると、その抑えを取り払い、本来の１００%の返戻金レベルに戻す仕組みの終身保険のことだ。

これは契約者にとっては、保険料を支払い終えるまでの解約返戻金が安い代わりに保険料も安くすることができ、保険会社にとってみれば、保険料を全部もらうまで解約されずに契約を継続してもらえるメリットがある。全部払い終える前に解約したのでは、返戻金が抑えられているので、契約者は損を見るからだ。

もし自分の入っている終身保険がこの「低解約付き」のタイプだった場合には、保険料支払い中の解約であれば、本来の解約返戻金額の7割程度しか返ってこないことになる。まずは「あと何年で保険料を支払い終えるのか」を確認し、現在の解約返戻金と支払保険料総額をしっかりと把握することが必要になる。

もし、あと2〜3年程度で保険料を払い終えるのであれば、すべてを払い終えてから解約返戻金を受け取る方がいいだろう。逆に、まだ契約して間もないものであれば、通常の終身保険同様、即解約でいい。

注意が必要なのは、払済にする場合。払済に変更する際に使う解約返戻金の金額は、低解約返礼金割合の7割程度を乗じた金額で計算されるために、保障金額は小さくなってしまうし、解約返戻金も安くなる。その辺りの判断は、加入年数や支払いの残りの期間、予定利率などによって異なるので、その辺りの金額をすべて確認した上で、払済にすべきか、解約すべきか、払い終わってから解約すべきかを決めてほしい。

多少の損は覚悟で解約し、そのお金で、次の定期保険を買う足しにする方が、結果的に保険料の節約になることもある。その辺りの判断は、各家庭の家計状況や、各人の価値観によってさまざまだ。いずれにせよ、自分にとって何が得策かは、最終的にはあなたの判断である。間違っても、そこの判断を営業マンや代理店任せにはしないことだ。

■終身保険の場合④〜定期付終身保険、アカウント型

おそらく、一番多くの読者が該当する終身保険が、ここで話をする「定期付終身保険」ではないだろうか。私が外資系生命保険会社で営業をしていた頃は、「日本人の9割が生命保険に入っていて、さらにその9割は定期付終身保険に入っている」と研修で教わったほどだ。要するに、大半の人は、このタイプの、特約がたっぷりと上乗せされた終身保険に入っているのである。この場合、あなたが考えるべきことは、そこからどれだけ〝贅肉〟をそぎ落としていくかということに尽きる。

その贅肉のそぎ落とし方だが、まず医療保険の特約は解約する。医療保険は必要ないことは、このあと医療保険の箇所ですぐに詳述するが、今現在、入退院を繰り返すような健康状態になっていない限りは、医療保険の特約は即解約だ。あなたがもし医療保険が本当に必要だと考えるのであれば、保険料を払い終えると消滅してしまう医療特約ではなく、

安くて機能のすぐれた最新の医療保険に単体で入り直すべきである。いずれにせよ、医療保険の特約は解約する。

これで基本的には、主契約である終身保険と大きな死亡保障が付いた定期保険が残るはずだ。そこで、次に考えるべきは、終身保険が必要かどうかを決めることだ。終身保険が必要ないとなれば、これを解約することで、すべての特約も消滅するので、定期付終身保険がすべて終了する。もし、終身保険を残すのなら、終身保険の保障金額の減額を考える。ただ、おそらく終身保険自体、もう減額できないほど小さな保障になっている可能性は大だ。その上で、定期保険の保障を必要最小限に減額するか、解約して新たな定期保険か収入保障保険に入ることを考えるといい。

インターネット保険などを利用すれば、保険料はずいぶんと安くできるはずだ。ただ、保険会社によっては、契約を継続できる死亡保障額の最低ラインが決まっていて、それを下回る減額や解約はできないので、その辺りのルールは、コールセンターで確認しよう。

ちなみに、私であれば、定期付終身保険は、終身保険を払済にして、特約はすべて消滅させ、必要に応じて新たに定期タイプの保険の加入だけを考える。払済ができないようなら、すべて解約し、やはり定期タイプの保険の加入だけを検討するだろう。

終身保険を残し、定期保険を減額するなり、新たに入るかするなりし、あとは、細々としたいろいろな特約が残る可能性がある。基本的にはすべて解約するが、「特定疾病特約」は、人によっては残したい場合もあるだろう。特に、親兄弟、祖父母など、自分の家が、がんの家系だったりすると、それに備えておきたいという人は少なくない。ここでは一言、その際に覚えておくべきポイントだけを説明したいと思う。

特定疾病特約とは、特定疾病、すなわち、がん、急性心筋梗塞、脳卒中のいずれかにかかった時、一時金が支払われるという特約のこと。保険料が割と高く、しかも保険料の払い込みが終わった時に消滅してしまうことを考えれば、やめた方がいいと思うが、とはいえ、心配な人が、大きな一時金の保障を残したい気持ちもわからなくはない。ただ、この特定疾病特約は、給付金が支払われる条件が意外と厳しいことは知っておかなくてはいけない。つまり保険金支払いのハードルが高いことは意外と知られていないのである。

例えば、がんについては、90日間の免責期間というものがあって、保険の保障開始から90日間以内に、かかったがんについては給付金は出ない。91日目以降に初めてかかったがんについてのみ、一時金が出るのである。それでも、この免責期間については、がん保険も同様なので、比較的知られているし、条件もわかりやすい。問題は急性心筋梗塞と脳卒中の方である。

急性心筋梗塞では、「初診を含めて60日以上、労働制限を必要とする状態が継続していると医師が診断した時」が条件となっているし、脳卒中では同様に「初診を含めて60日以上、言語障害などの神経学的後遺症が継続していると医師が診断した時」が条件となっているのだ。

つまり、心筋梗塞や脳卒中で倒れても、50日間で治ってしまえば、特定疾病特約による一時金は出ないのである。この急性心筋梗塞と脳卒中の条件は、あまり一般的には知られていない。またそれを事前にきちんと伝えている営業マンも少ないのではないだろうか。急性心筋梗塞で50日間入院しても、保険会社から出る保険金は、入院日額の分のみである。

こうした条件をすべて理解し、さらに保険料支払い終了時に、この特約が消滅することもわかった上で、それでもこの特約を残したいのであれば、継続すればいい。診断一時金という比較的大きな金額が出ること自体は、保険の機能としては、定期保険同様、保険だけがなしうる本来的なものであり、魅力はあることに間違いないのだから。

さて、終身保険の最後は、利率変動型積立終身保険、通称「アカウント型」についてである。この保険、保険料の支払期間中に、その一部をいわゆるアカウント部分として、将来の終身保険の購入のために積み立てるという保険で、しかもその積立金は、契約者が保険料に充当したり引き出したりが自由にできるという、一見、非常にお客様受けのよさそうな体裁の保険になっている。

しかし、将来、終身保険が買えるためには、一定額以上の積立金が残っていなければならず、通常は、積立金部分が非常に小さいため、買えたとしてもごく小さな保障だけ。途中で、仮に積立金を保険料に充当すると、もはや主契約であるはずの終身保険を全く買うことができずに終了してしまうという、得体のしれない保険なのである。

うがった見方をすれば、この保険は、定期付終身保険以上に、最後の終身保険を小さくする仕組みであるともいえる。つまり保険会社にすれば、お客様からたくさんの保険料を取って、最後に何も払わなくてもいい状態に、運用次第ではすることができる都合のいい保険なのである。

私が相談者のアカウント型で出会った保険で、終身部分が10万円だけというおそろしいものが実際にあったし、積立金が少な過ぎて終身保険を作れなかったケースもある。毎月払い込まれる保険料の大半は、定期性の特約分で、保険料を支払い終えると特約は消滅する。そしていよいよ主契約の終身保険を買うという段になって、終身保険を買えないおそれもあるという、おそろしい保険なのだ。

数ある経済専門誌や保険専門のムック類でも、「入ってはいけない保険」のナンバー1に必ず登場する、このアカウント型保険。何より仕組みが複雑過ぎる。本書でいいたいことの1つでもあるが、契約者であるあなたが完璧に理解できないような保険契約は、してはいけない。生命保険は、自分の理解の範囲内で契約することを常に心がけるべきである。あなたの保険が不幸にも、もしこれであるなら、すぐさま解約を選択しよう。そして本当に必要な保障があるのなら、あらためて、仕組みのシンプルな単体の保険で入り直すことを切におすすめする。

■医療保険の場合〜基本的に不要と考える理由

昨今の保険業界では、大きな死亡保険金の保険は売れにくくなってきているが、その反面、医療保険やがん保険といった「第三分野」の保険が売れまくっている。保険商品のカテゴリーは、生命保険が第一分野、損害保険が第二分野で、生命保険会社でも損害保険会社でも扱える医療保険やがん保険は第三分野と区別がなされている。

この医療保険が、なぜ今売れているのかというと、何よりもお客様が自分のリスクをイメージしやすいということが最大の理由である。自分が病気にかかり入院するかもしれないというイメージは、自分が明日、死ぬかもしれないというイメージよりも、はるかに現実的に考えられる。お客様が自分のリスクをイメージしやすい保険は、売る側にとってみれば、売るのはたやすい。ちょっとだけ背中を押してあげればいいからだ。

しかも、医療保険は、死亡保険に比べ、保険料が安い。逆にいえば、万が一の時に保険会社が支払うべき保険金が、医療保険は死亡保険に比べ格段に安いということだ。テレビコマーシャルなどでも、おそらく聞いたことがあると思うが、多くの人にとって、医療保険の保険料は月々3～5000円程度という相場観があるのではないだろうか。しかも、ここ数年来、保険会社各社は、この医療保険の安売り競争を繰り広げている。

確かに「まあ、この位の金額ならいいか」ということで、気軽に入ってしまいやすい金額ではあるが、とはいえ積もり積もれば、月5000円で年間6万円、10年で60万円、20年で120万円、30年で180万円。これは決して安い買い物ではない。このクルマ1台分の程度の買い物を、「医療保険に入っていないと不安」というCMの刷り込み効果で、バンバン売っているのが医療保険の現状なのである。しかし、この〝買い物〟、一体本当に必要なものなのだろうか。

その必要性を判断する前提として、実は多くの人が意外と知らないことがある。それは日本国民は〝非常にすぐれた医療保険〟に、すでに国民全員が加入しているということである。このすぐれた医療保険とは、すなわち国民全員加入の「健康保険」のことだ。このおかげで、誰しもが病気の時はすぐに気軽に病院で診てもらえて、その診断料の自己負担は3割だけで済んでしまうし、薬代や手術費用も同様に安く済んでしまう。ここまでは、みなさん、よく知っていること。しかし、「高額療養費制度」のことになると、実はあまり知られていない。知られていないことが大問題で、これはぜひともみんなが知っておかなければいけない共有すべき重要情報なのである。

例えば、がんになってしまい、その治療に100万円かかったとしよう。健康保険に入っているので、現役世代の自己負担分は3割。100万円の3割で、自己負担分は30万円だ。ところが、健康保険には、「高額療養費制度」という保障制度があって、どんなに高い治療費がかかっても、ひと月の自己負担分の治療費は、約9万円程度の上限が設定されるのである(月収53万円以上の上位所得者であっても、上限15~16万円の上限が設定され、それ以上の医療費はかからない)。

しかもかつては、一度は病院の窓口で3割の自己負担分を全額支払って、そのあと、高額療養費制度の上限を超える部分について払い戻しされる仕組みだったのだが、現在は、事前に各健康保険から「限度額適用認定証」という証明書を発行してもらい、それを病院の窓口に提示することで、最初から自己負担分の上限額だけ支払っておけば済むような便利なシステムになっているのだ。つまり、どんなに高い治療をしても、ひと月に9万円前後しか、治療費を負担しなくてもいいのである。

実は、この「高額療養費制度」を知っている人は、2006年の内閣府の調査ではせいぜい3割程度。こんな大切な情報が、知られないままになっているのである。もしこのことを知っていれば、医療保険のニーズは、かなり変わるのではないだろうか。

医療保険のパンフレットなどを見ると、よく「入院した時に必要になるお金」として、食事代、差額ベッド代など合わせて「日額2万円程度」とした記載を見かける。これだと、もし1ヶ月入院したら、月に60万円もお金が必要になると勘違いしてしまいそうだ。実際は、先に書いた「高額療養費制度」のおかげで9万円程度と、保険対象外の部分の費用で済む。こうした医療保険のパンフレットをよく見ると、紙面のどこかに小さな字で「高額療養費制度を考慮しない数字」という注意書きがあるはずだ。しかし、「考慮しない数字」ではなく「考慮した数字」を書くのが、保険会社の正しい情報開示の姿勢ではないだろうか。少なくても、お客様のことを親身になって考える気があるのなら、そうするはずだ。

いずれにせよ、このように公的な医療保険である健康保険に入っていれば、医療費は実は、そんなに大きな負担にはならない。せいぜい月に9万円程度までしかかからない医療費のために、毎年数万円を払い続ける医療保険をあなたはどう考えるだろうか。しかも第1章でご紹介したように、医療保険で保険会社が支払う保険金の平均的な金額は、入院給付、手術給付ともに10万円程度。つまり入院、手術をして保険金が出ても、平均的には20万円程度しか給付が出ないのである。そのために、あなたは毎年数万円の保険料を支払い続けるのである。

また医療保険が本当に必要になるほど医療費がかさむのは、70歳前後になってからのこと。多くの人が給付を受け取ると、保険料は跳ね上がってしまうわけだし、それまでにはまだ十分に準備時間があるので、保険に入るよりも、毎月貯金をして備えることの方が、医療のリスク対策としては相性がいい。それでもあなたは、医療保険が必要だと思うだろうか。私は、医療保険は不要なものとして、すぐに解約することをおすすめしたいと思う。

■医療保険はあえて今、定期タイプにするのも有効

とはいえ経験的にいうと、そうした事情をすべて理解しても、やはり医療保険には入りたいという人は少なくない。入っていることで、お金のことを気にせずに安心して治療に専念できる、そうした精神的な効用がほしいというのが、そういう人たちに共通した理由である。それはそれで、人それぞれの価値観なので、構わないと思う。ただ、そういう人には、なおのこと間違った保険に入らないよう、もう少し詳しく、現在の医療保険事情を話しておいた方がいいだろう。

先にも書いたとおり、医療保険の商品内容は今、日進月歩で進化している。保険料はどんどん安くなり、保障内容もどんどんと充実してきている。テレビＣＭも相変わらず多いし、代理店に支払われる手数料率も高い。逆にいえば、まだまだ医療保険に関しては、商品内容を改善できるだけの余力が保険会社にはあるのだ。それだけ医療保険は利益率が高いということなのである。

その内容の充実の１つとして、昨今では「入院一日目から入院給付金が出る」というものが普通になってきた。かつては、「4日免責」といって、入院しても5日目以上の分からしか給付金は出なかったのであるが、最近の医療保険は、日帰り入院でも給付が出るよ

うになっていて、医療保険の売り文句の１つになっている。しかし、そもそも保険に入る意味が、「明日払えといわれたら困るようなお金が必要になる、不測の事態への準備」だと考えると、この入院１日目からの給付は必要なものなのか、はなはだ疑問である。

例えば、２日間入院したとする。入院日額５０００円の医療保険に入っていて、この２日分の給付は、５０００円×２日間で１万円だ。しかし、この給付を請求するためには、医師から入院診断書をもらわないといけない。通常、この診断書を出してもらうのに、医師に払う手数料は５０００円〜１万円程度。そうすると、手間暇かけて給付される、実質的な2日分の入院給付は、ほとんどなしということになってしまう。入院日額１万円の医療保険で、４日間の入院でも、支払われる実質の給付金は3万円程度。そう考えると、そのために、入院１日目からの給付は本当に必要なものなのだろうか。もちろん、そのために、保険会社に支払う保険料は当然に高くなっているのである。こういう進化の方向は、結局、さらに保険会社の利益率を高くする結果になってはいないだろうか。

毎年、プロが選ぶ保険ランキングなどを掲載している総合経済誌『週刊ダイヤモンド』には、ランキング上位に、いわゆる〝漢字系生保〟と呼ばれる大手国内生命保険会社の商品は全くランクインしない。ランクインしているのはすべて、外資系や損保系（損害保険会社の子会社が生命保険を販売している形態)、通販系などの〝カタカナ系〟と呼ばれる生命保険会社の商品である。医療保険について見ても、上位はいつもオリックス生命、NKSJひまわり生命、アフラック、メットライフアリコといったところがお決まりの顔ぶれとなっている。

これら上位の医療保険は、それぞれにちょっとした特徴を持っていて、そこが人気の秘密となっている。例えば、7大生活習慣病(がん、糖尿病、心疾患、高血圧性疾患、肝硬変、慢性腎不全)にかかった場合には、給付日数が2倍に延びるとか、給付のない健康な状態が続くと、次第に保険料が安くなっていくものとか、医療相談やセカンドオピニオンサービスが無料で付いてくるものなど、細かい進化が人気を集めているのだ。しかしこれらにすべて共通していることが1つある。それは商品内容がシンプルでわかりやすいということ。手術給付金額が、入院給付日額の一律で20倍といった商品は、そのシンプルさが評価を高めている。

そんな上位の中に、今年初めて5位にランクインした「メディカルKitR」は、医療保険の新しい方向性を感じさせる商品である。東京海上日動あんしん生命から、今年1月に新発売されたこの医療保険は、リリースの表現を借りれば「これまでと全く異なるコンセプト」で誕生した保険ということだ。これまで、医療保険というものは、基本的に掛け捨ての保険だと考えられてきたが、この「メディカルＫｉｔＲ」は掛け捨てではない。70歳までの支払った保険料が、70歳の時点で一度、全額返金されるのである。

この返金される保険料には、特約保険料は含まれないこと、それまでに給付金があれば、その分は差し引かれることといった条件はあるが、払った保険料が70歳時に全額返金されて、もしそれ以降も保険を継続したければ、同じ保険料でそこから再スタートできるのが最大の特徴だ。つまり40歳の時に加入したとすれば、70歳時に、40歳の保険料であらためて入り直せるのである。70歳までは、実質保険料負担ゼロで万一の入院などに備えられるわけだ。また70歳時にもう保険は必要なしと思えば、受け取った返金分は、老後資金として自由に使えるため、貯蓄的な機能を果たしたことになる。

この保険は、保険会社にとっては、移り変わりの激しい医療保険の世界で、長い期間にわたって、お客様を囲い込みできるメリットがあり、現在、売れ行き好調と聞く。70歳まで払い込むということに、多少抵抗がある人もいるかもしれないが、そこで保険料が全額返金され、保険の必要性を考え直せる魅力は大きいのかもしれない。このような新しい医療保険の潮流は、これからもっと大きくなっていくことは考えられる。こうした進化した保険が出てくるかもしれないと思えば、医療保険も、必ずしも終身タイプにせず、定期タイプにして様子を見るという選択肢もあるだろう。

さらに、iPS細胞の発見をはじめとする医療技術の進歩にもめざましいものがある。これから先、病気の治療方法が画期的に変化することも十分ありうるだろう。そういう側面から見ても、医療保険は必ずしも終身タイプで決めてしまう必要はないのかもしれない。定期タイプにして、更新時の医療状況や保険の必要性を見直す。まだ30歳、40歳位の年齢であれば、更新時の値上がりも大したことではない。それまでは定期タイプにして様子を見るという考え方は有効であるように思える。

以上のようなことを知った上で、今一度、あなたの入っている医療保険にあてはめて考えてみるといい。そして、その保険のために、あなたは保険料を総額でいくら払わないといけないのか。いつまで保障を受けられるのか。いくらの保障をもらえるのか。そのバランスを検討してみてほしい。本当に今の医療保険のままでいいのだろうか。

■がん保険の場合〜給付金の支払い頻度をどう見るか

医療保険と同様、最近、売れている保険が、やはり第三分野に属する「がん保険」である。生命保険会社だけでなく、損害保険会社も扱うことができることは既述のとおりだ。しかもこのがん保険の分野の商品にも、医療保険同様、どんどんと新しいものが登場している。ごく初期の上皮内がんでも給付金が出るタイプや再発しても何度でも給付金が出るタイプ、通院治療に力を入れているタイプ等々、数多くの商品が数多くの保険会社から発売されている。しかも、医療保険に比べると、診断一時金の金額が大きく、保険をかける本来の意味が、医療保険よりも大きいのが、このがん保険なのである。

そこで、がん保険の保険金が支払われている状況を実績で見ることで、判断の1つの参考にしてほしいと思う。生命保険について数々の著作がある後田亨氏の『生命保険のウラ側』（朝日新書）を見ると、以下のようなデータが示されている。「がん保険の契約件数全体は約1400万件。その中で、保険金の支払いが発生したのは、年間26万件。契約件数全体の約1・8％。1件あたりの支払金額は120万円」。

これは、ある生命保険会社のディスクロージャー情報と、コールセンターに直接問い合わせてえられた情報だということらしい。確かに、支払件数の26万件以外の数字は、がん保険大手保険会社のディスクロージャー情報で、インターネットでも確認できる。

契約件数の1・8％、すなわち100人のうち、わずか2人弱にだけ支払われるという状況は、「だから必要ない」ということをいっているのではない。保険金の支払いの確率が低いからこそ、ある程度保険料を安くできるということでもあるので、保険という仕組みにとって、そのこと自体に問題はない。ただそれでも、がん保険の保険料は決して安くはない。がん保険の継続を悩む人は、まず、自分のがん保険にいくら総額で支払うのかを計算してみてほしい。その金額を支払って、平均120万円の給付をもらうと考えるとどうなのか。その辺りの費用対効果を見てほしいのである。

今、がん保険は終身で売るというのが、営業マンの主流の動きだが、保険料をできるだけ安くして、がんになった時の保険金を少しでも多くもらえることを考えると、必ずしも終身である必要はないのではないだろうか。ノーベル医学・生理学賞で一躍脚光を浴びたiPS細胞の発明により、がん治療は飛躍的に進化する可能性があると目されている。あと10年もしたら、がんは治癒する病気になっているかもしれない。それを見越して、「がん保険は、今は終身タイプよりも定期タイプで入った方がいい」と売り込む保険会社もあるようである。

給付がもらえる条件も、入院だの通院だのと特約を付けずに、診断給付金1本に絞るべきだ。これはどんな保険にも共通していえることだが、保険は、シンプルで安くかけて、大きな保障をえるのが基本である。そこにあれこれと特約を乗せて、保険料を高くし、資金を分散することで、保険に入るメリットは薄れていくのだ。

また、がんという病気は、2人に1人が罹患するといわれているが、実際は、60歳前にかかる率は数%程度でしかない。それこそ、費用を準備する時間が十分に取れる病気でもある。さらに、がんの治療にかかる費用は、一般的に考えられているほど高額にはならない。保険会社の大々的な宣伝のおかげで、一般的には300万円程度はかかるとも思われがちだが、実際にかかった人へのアンケートでは、100万円程度であるとする調査もある。

がん保険に入るなら、がんと診断された時に100万円程度の一時金が出て、保険料が安くシンプルな保険。できれば定期保険でいい。そして、がん保険の他に、医療保険も必要なのかも検討してほしい。がんという大きな一時金が必要な医療に対して保険をかけた以上、通常の医療保険の必要性はますます小さくなるのではないだろうか。本書としては、がん保険に入るのであれば、医療保険はますますやめるべきだといいたいのだ。

こうしたことをすべて考慮に入れて、ご自分のがん保険の継続か解約かを、考えてみてはいかがだろうか。そして、こうした情報をもっと一般的に共有して、みんなが保険の内容について考えるようになることが、保険制度の向上にもつながるわけだし、保険会社も積極的に情報開示をしてほしいものだと考えている。

■保険手続は、どうやればいいか

今入っている生命保険の解約や減額、払済などの手続きについて、具体的に誰に何をいえばいいのかという問題がある。普通に考えれば、あなたに保険を売った営業担当者に連絡を取るということになるだろうが、そんな連絡をあなたから受けて、

「はいはい、そうですか。ありがとうございます」

と手続きをしてくれる営業マンは、普通はなかなか存在しない。

解約するなら、その浮いた保険料で、また新しい保険の勧誘をする可能性も十分にあるし、まして、契約してから2~3年以内程度の契約の解約であれば、担当営業マンにペナルティーが付く場合もある。そうなれば、なおさらのこと、あの手この手で解約を阻止してくるはずだ。しかし、そうした営業マンのブロックは、お客様であるあなたのためでは決してないのだと心すべきだ。たとえ悪い人ではなくても、確率からいえば、営業マンは、やはり自分のためを最優先してしまう人がほとんどの種族なのだ。

もし、そんな営業担当者に手続きすることがやりにくければ、この章の最初にも書いたとおり、各保険会社の相談窓口とかコールセンターを使いこなそう。もしそこで、「担当者を伺わせます」といわれても、それははっきりと断ればいい。素直に事情を話し、手続きに必要な書類などを送ってもらえば、それで済む話である。

第5章

ムダな保険料を払わない保険の買い方

保険山
保険錦
保険桜
試飲！ご自由に！
「買う前にやっぱり比べてみたい！ですよね…」

第5章は、保険の買い方の注意点についてのお話です。一昔前に比べ、生命保険はいろいろな買い方ができるようになりました。

だからこそ、悩みも多くなるものです。

保険は、高額な買い物です。しっかりと比べて、納得して買える方法をお話ししましょう。

さて手持ちの保険の〝リストラ〟が終わった方も、あるいはこれから全く新しく保険契約をする方も、いよいよ新しい保険商品を選び契約する場合、一体、何を、どこで買えばいいのか。本章ではその方法について触れてみたいと思う。といっても、本書で新しく加入することをおすすめする保険は、基本的に「収入保障保険」、「定期保険」だけなので、「何を」については厄介なことはない。

もう一度おさらいしておくが、これから新たに生命保険が必要な人は、「今子育て中の若い夫婦だけでいい」というのが本書の考え方だ。独身者は保険は不要。自分の将来のために自分に投資することこそ、独身者の最大の〝保険〟である。結婚したばかりで、まだ子どものいない夫婦は、保険なんかにうつつを抜かしている場合ではなく、今こそ貯金にいそしむべきである。人生で一番貯金ができるのは、この夫婦2人だけの時間なのであるから。そして、まだ貯金も少ないが、子どもができていよいよ子育てが始まった時に、万が一の時の子どもの養育費、教育費などをまかなうために、子どもが独り立ちするまでの期間だけ、生命保険に入るのである。だから子どもが独り立ちしてしまえば、再び生命保険は不要となる。つまり、子どもが生まれてから、せいぜい25歳位になるまでの25年間が、あなたにとって生命保険が必要な時なのである。これが本書の見解だ。

そうであるなら、その期間を保険期間とする定期保険か収入保障保険に入ることが、もっとも合理的な入り方だ。合理的というのは、つまり、安い保険料で大きな保障がえられる、その倍率の高い方法であるということである。この保険以外は、結婚当初から始めているはずの貯金を継続することが、どんなリスクに対しても通用する万能の準備方法となる。老後の資金、万が一の入院時の医療費、子どもの教育費、自分の介護費用や葬式代など、余計な生命保険に入るお金があるなら、貯金という万能薬を備蓄すべきである。

長い間デフレが続いた日本は、これからインフレに転じ、金利上昇局面を迎える可能性が十分にある。事実、短期的であるかもしれないにせよ、アベノミクス効果で、急激に円安が進み、電気代やガス代などの料金を始め、食品、アパレルなど、軒並み値上げが始まっている。そんな時に、終身保険や養老保険などの貯蓄タイプの生命保険に、低金利で長期間、資金を固定することは、そのこと自体がむしろリスクである。しかもその保険料も、この4月からほぼ一斉に値上がりしているのだから、なおさらそのリスクは大きくなっているのが現在の状況なのである。

2012年10月、金融庁は実に12年ぶりに生命保険の「標準利率」の引き下げを決定した。標準利率とは、保険会社が将来の保険金や給付金の支払いに備えるために積み立てる責任準備金の計算に使う利率のこと。この標準利率が下がれば、保険会社では、それによって計算上、責任準備金が足りなくなる。その足りない分を、どこからか持ってこなければならなくなる。そこで保険会社は、標準利率の引き下げに伴い、保険料の割引率、つまり予定利率を引き下げることで対応する。つまり保険料を値上げするわけだ。

もちろん、すべての生命保険商品の保険料が一斉に値上がりするわけではない。保険会社の営業戦略次第では、他社が値上げしている時に、あえて値下げを断行するような戦略的な商品もあるにはある。しかし基本的な考え方としては、標準利率が下げられた以上、保険料は高くなる。そしてその標準利率の引き下げが、2013年4月に実施されたのだ。

しかし、こうした利率が影響するのは、貯蓄性のある生命保険が中心である。終身保険や養老保険、学資保険や個人年金、さらに貯蓄性はなくても保険期間が長期になる終身タイプの医療保険などは、保険料の値上げ圧力を強く受けることになるが、貯蓄性も解約返戻金もほとんどない定期系の保険は、この値上げの影響は最小限で済む。

繰り返しになるが、このように貯蓄性のある保険は保険料も高くなっている。しかも世の中は物価上昇に向かっている。そんなインフレリスクが高まっている時には、低金利で資金を長期に固定する生命保険を使った貯蓄は非常に不利である。それでなくても、生命保険を使った貯蓄は、まず最初に保険料から保険会社の手数料が取られたところから始まるので、その分を取り返すだけでも、数年の元本割れの期間を抱え込むことになる。

生命保険は定期系のものと割り切って、貯蓄については他の方法にすること。まずは換金性の高い身軽な方法で十分なので、貯金に励むことが大事である。そして、余裕資金があるのなら、例えば、金利が上昇する前に、住宅ローンの繰り上げ返済にでも回した方が、お金の使い方としてははるかにスマートだ。繰り上げ返済は、早い段階で行った方が、総返済額を大きく減らすことができる。

話がそれたが、そのようなわけで、これから新たに生命保険に加入する人は、「子育て中の若い夫婦」。そして入る保険は、定期系の保険すなわち、「定期保険」ないし「収入保障保険」である。そこで必要になる保険金額の設定だが、あまり細かな計算は必要ない。ざっくりと考えれば、それでいい。

貯金がいくらあって、ご主人が亡くなった時に奥さんに出る遺族年金はいくらだから、あとは月々○万円程度あれば、生活ができる。だとすれば、子どもが自立するまでの○年間、月々○万円で、必要なお金はいくら。そんな感じの計算で十分である。残された奥さんが、すべての生活資金を保険だけに頼るなんてことはありえない話だし、どんなに緻密に計算しても、人生はどこで何が起きるかわからない。外資系生命保険会社が得意とするような、必要補償額のシミュレーションなど全く必要ない。

ただ「ざっくり」とはいっても、最低限知っておくべきは、公的年金制度による遺族年金の額である。公務員やサラリーマンの世帯であれば、国民年金の遺族基礎年金に加え、遺族厚生年金や遺族共済年金が支払われるため、生活費は、それでかなりまかなえるはずだ。子どもの数にもよるが、例えば、子どもが1人なら、受け取れる年金は月額13・5〜14・5万円程度。子どもが2人なら、さらにその2万円増し位となる。その遺族年金を受け取ってなお不足する生活費はいくらなのか、子どもの教育資金はいくら必要なのかだけは、ざっくりと押さえておく必要がある。

一方自営業の世帯であれば、公的年金による遺族基礎年金だけでは、生活費は心許ないので、その分の保険金は高めに設定する必要があるだろう。単純に、上乗せの遺族年金がない分、月々の生活費として5万円程度は上乗せして保険金額を精算する必要があるだろう。つまり、サラリーマンや公務員なら、月々の生活費としての保険金を、公的遺族年金以外に月10万円に設定するなら、自営業者の場合は月15万円程度に設定しなければならないということである。

遺族年金はいくらもらえる?

例）子ども2人世帯で夫が亡くなった時、妻がもらえる遺族年金額

（夫の標準報酬月額35万円、加入期間25年、妻は満額受給）

A 自営業（国民年金）なら…

子ども2人の期間*	**年額124万7,900円** （月々10万3,991円）
子ども1人の期間	**年額102万0,000円** （月々8万5,000円）

B サラリーマン（厚生年金）なら…

子ども2人の期間	**年額184万7,700円** （月々15万3,975円）
子ども1人の期間	**年額161万9,800円** （月々13万4,983円）

C 公務員（共済年金）なら…

子ども2人の期間	**年額196万7,700円** （月々16万3,975円）
子ども1人の期間	**年額173万9,800円** （月々14万4,983円）

＊子どもは18歳になるまでカウントされる。

もちろん、人によって、タイミングによって、その計算は異なってくる。子どもがある程度大きくなっていて、間もなく高校、大学と教育費がかかる時期が近く、なおかつ貯金が足りない人なら、家族の生活資金とは別に、教育資金の準備も別立ての定期保険で作った方がいいかもしれない。そのため一時的には、保険料がやや高くなるかもしれないが、子どもが自立するまでの保険期間は短くて済む。逆に子どもが生まれたばかりの時に入るのであれば、まだ教育費の準備には時間があるので、そちらは貯金で積み立て、まず生活を立て直すための時間を買うための保険だけを考えればいい。子どもから手が離れ、自分でも仕事が開始できるまでの間だけの保障を考えれば十分である。

生活資金は収入保障保険を中心に考える

このような生活資金としての定期保険を考える時に、もっともふさわしい保険が、「収入保障保険」と呼ばれるものである。通常の定期保険なら、保険金の1000万円とか2000万円という大きなお金が一度に支払われてしまうため、月々の生活費とリンクさせて考えにくいが、収入保障保険であれば、保険金額の受け取りは「月々いくら」をベースに計算されるので、生活費としての保障を考えるにはぴったりなのである。

しかも、この収入保障保険、月々いくらという月額で保険金を設定するため（年金として設定するタイプもある）、当然のことながら、保険金額は年を追うごとに減少する。例えば、月々10万円の保険金が下りる収入保障保険を保険期間15年で加入したとしよう。加入して、すぐに被保険者が亡くなると、毎月10万円で15年間だから、支払われる保険金の総額は10万円×12ヶ月×15年で１８００万円になる。ところが、加入後10年が経過して被保険者が亡くなると、保険期間の残りはあと5年なので、支払われる保険金の総額は、月々10万円で5年間、10万円×12ヶ月×5年で６００万円となるわけだ。このように、１８００万円から６００万円と、時の経過により保障額が徐々に減るために、通常の定期保険に比べて、収入保障保険の保険料は、格段に安いのである。逆にいえば、通常の定期保険は、必要のない保障のために、多く保険料を支払っていることになる。生活費の保障に関しては、この収入保障保険で準備をするのがもっともシンプルでいいだろう。

例えば、30歳男性を被保険者にして、保険金３６００万円の普通の定期保険に20年入ると、毎月の保険料は７２３６円になる。これを、同じ男性で、保険金を月々15万円、保険期間20年の収入保障保険にすると、月々の保険料は３５８５円と半分以下になってしまう。

定期保険と収入保障保険の比較

被保険者＝30歳男性、保険金3,600万円、保障期間20年の場合

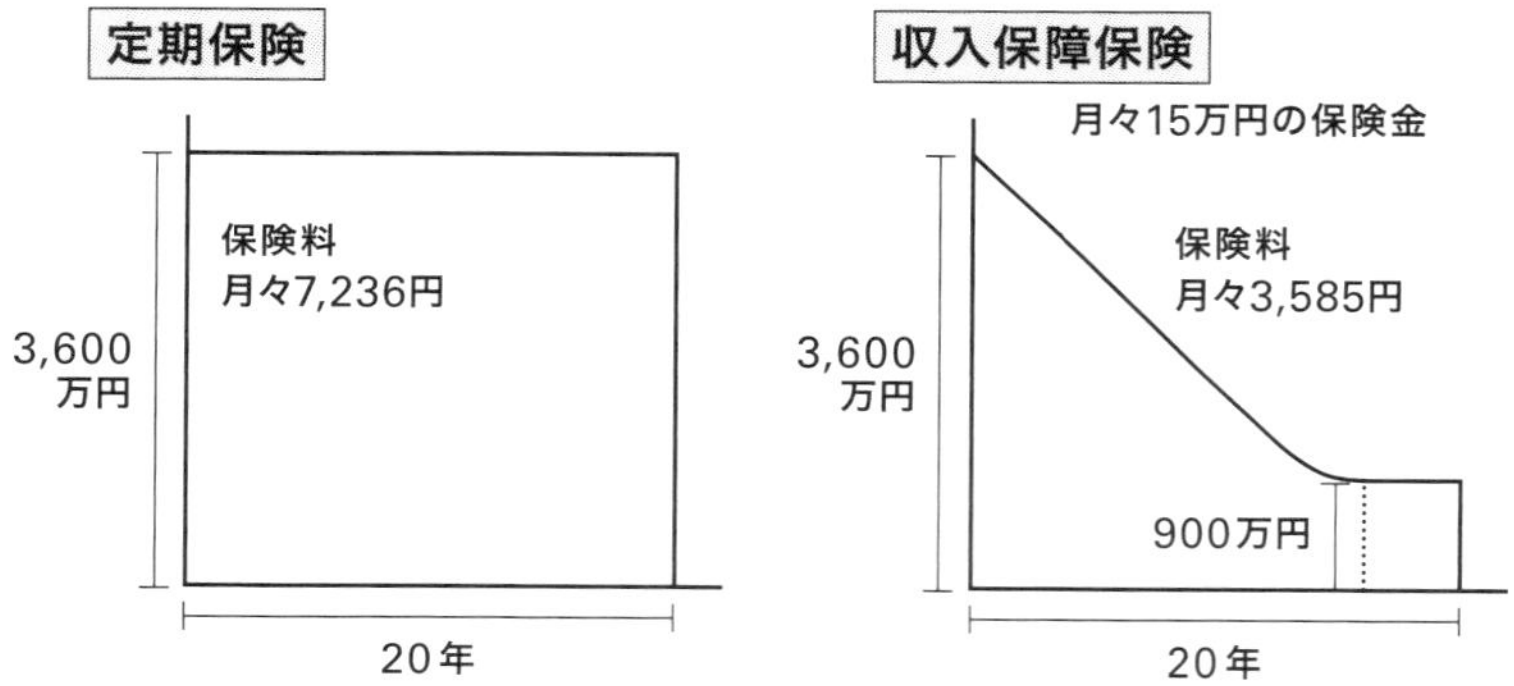

収入保障にすると保険料は

7,236円 ⟶ **3,585円に減らせる！**

さらに非喫煙の健康体なら

⟶ **2,835円に減らせる！**

＊上記試算は、ソニー生命による。

20年間の支払保険料の合計で見れば、約88万円も少なくできるわけだ。この収入保障保険、月々15万円で20年の保険期間なので、もらえる保険金は最大で3600万円で定期保険と同じ。さらに、この収入保障保険で、被保険者の男性が、タバコを吸わない健康体であれば、月々の保険料は2835円まで安くなる。普通の定期保険と収入保障保険の保険料の差が、いかに大きいかがわかったと思う（172ページの図参照）。

収入保障保険は、時の経過とともに保障額が減っていくので、もし保険期間があと1ヶ月という時に被保険者が亡くなったら、最後の1ヶ月分の10万円だけしか、保険金がもらえないのかという疑問を抱いた方もいるかもしれない。そうなっては、一番多く保険料を支払った人が、一番少なくしか保険金をもらえないことになってしまう。そこで収入保障保険には、「最低支払保証期間」というものが設けてあって、保険期間があと残りわずかという時に被保険者が亡くなった場合には、ある一定の保証期間分の保険金を支払うものとなっている。例えば、最低支払保証期間を5年に設定しておけば、仮に保険期間が残り1ヶ月の時に被保険者が死亡しても、そこから5年分の保険金はもらえることになる。172ページの図の例だと、5年分の保険金900万円は保証されるわけだ。この最低支払保証期間は、契約の時に自分で設定できるものが多く、たいがいは2～7年程度の間で設

収入保障保険のしくみ

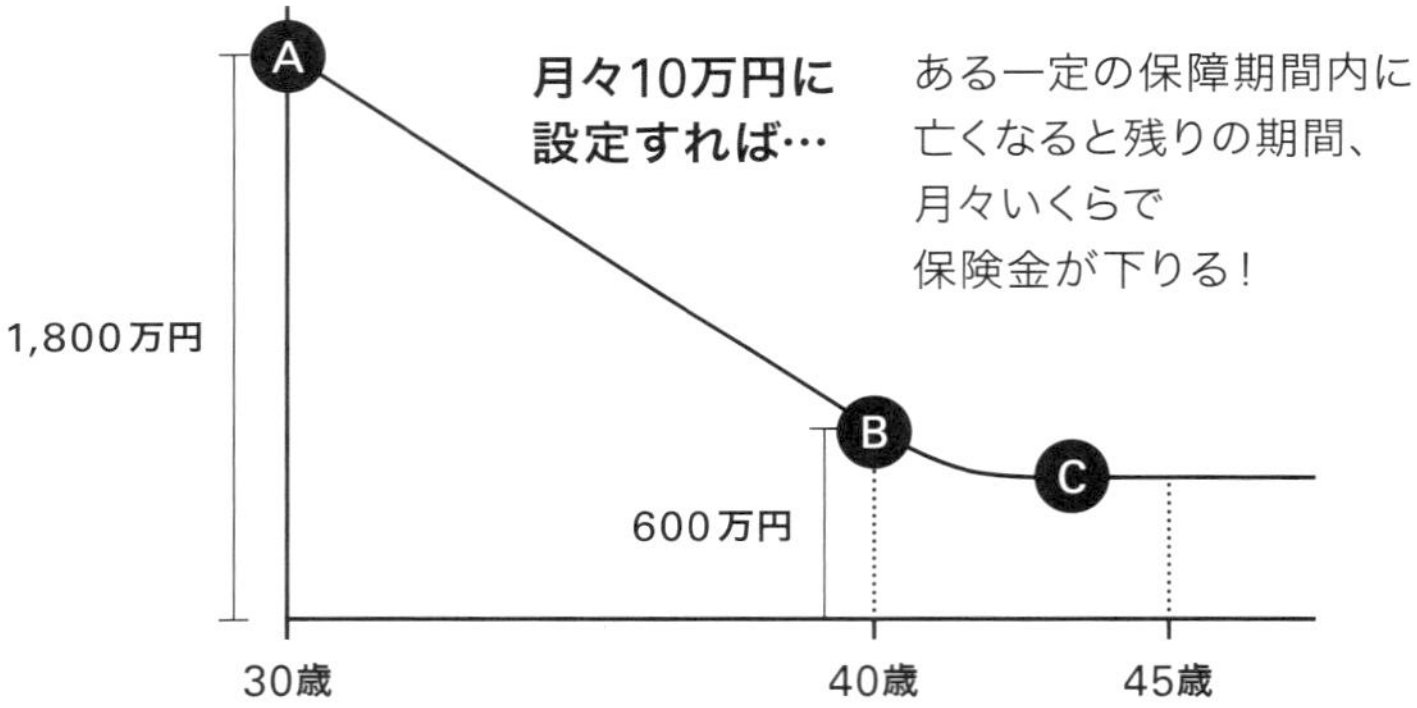

月々10万円に
設定すれば…
ある一定の保障期間内に
亡くなると残りの期間、
月々いくらで
保険金が下りる！
A
B
C
1,800万円
600万円
30歳
40歳
45歳

Ⓐ 30歳で亡くなると、受け取る保険金は
月々10万円×12ヶ月×15年＝**1,800万円**

Ⓑ 40歳で亡くなると受け取る保険金は
月々10万円×12ヶ月×5年＝**600万円**

Ⓒ 保険期間内ギリギリで亡くなっても最低支払
保証期間は月々**10万円**の保険金が受け取れる！

定できるが、被保険者の年齢や、保険期間によっては、ある程度固定されてしまうこともある。また保証期間を長く設定すれば、保険料は高くなるので注意しよう。

収入保障保険で生活費のメドが付けば、他に準備すべき大きなお金は子どもの教育資金である。これは、残された遺族の仕事や収入、貯蓄額、さらに子どもの数やその年齢にもよるので、一概にはいえない。もし教育費の不足が考えられるなら、今度は通常の定期保険で備えておけばいい。こちらは収入保障保険と違って、保険金が一度に支払われる。子どもの数や、その年齢次第では、年によって、必要な教育費も異なるだろうから、必要であれば、複数本に保険を分けて加入するのも手である（176ページの図参照）。

それらの保険にかける保険料の目安は、ここまででも書いたとおり、おおよそ年収の1～2％を1つの目安とすれば、必要経費としても納得がいくのではないだろうか。つまり年収500万円の世帯なら、5万円～10万円が保険料の年額、すなわち月々に直すと約4000円～8000円程度、年収1000万円なら、その倍の約8000円～1万6000円が保険料のメドになる。その中で、収入保障保険と定期保険をやりくりすることを目標に、入るべき保険を考えてみてはいかがだろうか。

ちなみに、先ほど収入保障保険の保険料を試算した30歳男性の場合、月々15万円で保険

収入保障保険と定期保険と併用する場合

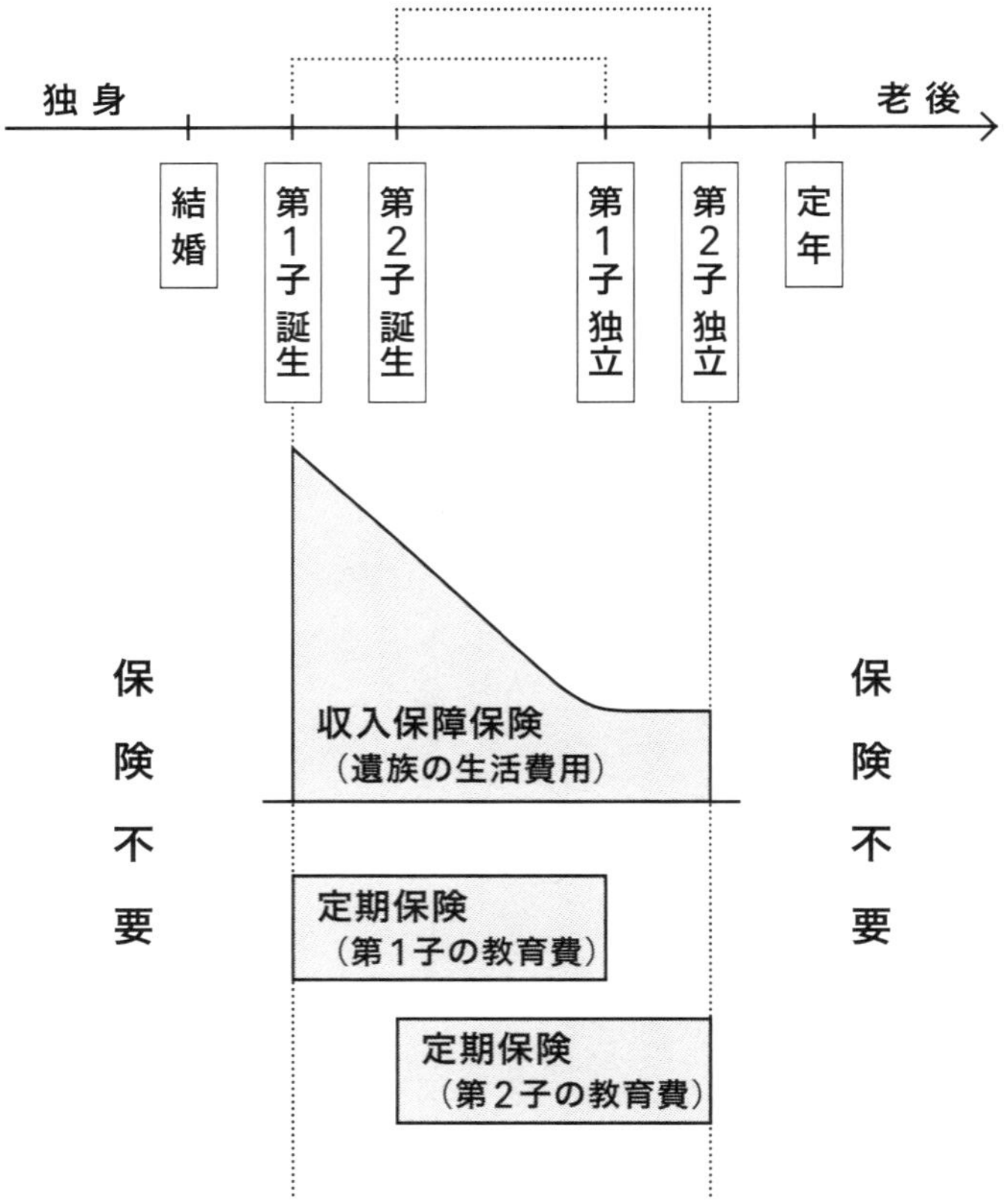

期間20年の収入保障保険の保険料は月々3585円だった。彼が、もし一人息子の教育資金に2000万円を定期保険で用意すると、月々の保険料は4420円となる。つまり、合計わずか8005円の月額保険料で、死亡時に2000万円の一時金と、毎月15万円で最大20年間の保障を準備できるのである。

顕在化しつつある消費者の保険ニーズ

次に、入るべき保険の情報をどこで手に入れ、最後はどこで契約するかという問題について昨今の状況を中心に話をしよう。生命保険に入るというと、かつてはだいたい生命保険の女性営業マン、つまり〝生保のおばちゃん〟ルートで、どちらかというと待ちの姿勢で契約したものだが、今や時代は大きく変化した。特に東日本大震災があったのち、自分の保険契約について自ら積極的に考える人が増えてきたようだ。大きな災害を目のあたりにしたことで、普段なら考えることのなかった万が一の時のリスクについて、自分のこととして意識する人が増えてきたということだろう。

ちょうどタイミングを同じくして、生命保険の販売チャネルが、非常に多様化してきたという事情もある。従来の〝生保のおばちゃん〟に加え、外資系生命保険会社のコンサルタントと呼ばれる営業マン、保険会社専属の代理店の他に、一社だけでなくさまざまな保険会社の商品を扱える乗合代理店、さらにお客様の方から店舗を訪ねて、そこで相談や契約ができる来店型の乗合代理店も珍しくなくなってきた。その上ファイナンシャルプランナー（ＦＰ）という、保険に限らず、税金や相続など、お金に関する相談業務を専門とする資格や仕事も一般化してきて、その資格を持つ営業マンや乗合代理店も登場するようになってきた。さらにインターネットを利用した生命保険の通販や、インターネット販売専門の生命保険会社が登場したのも、ここ数年のことである。

このように、生命保険の情報を手に入れたり、契約したりするまでのステップで、消費者が従来とは違って、いろいろなチャネルや選択肢を持ち、自ら動くことが可能になってきたことで、自分で自分の保険について考え行動する範囲が、以前よりも格段に広くなったのが今という時代なのである。それだけに、自分で勉強し、知識を身に付け、判断できる価値を身に付ければ、自分ひとりでできることは、とても多いのである。

実は、これまで生命保険業界では、

「生命保険を自ら進んで買いに来るお客様は、何か企んでる怪しい人だ」

と見なされてきた。

そういうお客様は、自殺や他殺を企てていて、保険金を詐取しようとしているのではないか、すなわち保険金詐欺を目論んでいるのではないかと、生命保険会社から警戒されてきたのだ。業界用語では「モラルリスク」のあるお客様として警戒されたのである。

というのも、これまで長い間、一般消費者にとって生命保険は、普段の生活の中では、なかなかそのニーズが表に見えない商品だとされてきたからだ。健康な人が、ある時突然病気で倒れるといった万が一の事態が起きて、初めてその必要性に気が付く商品。それが生命保険だとされてきた。だから、何も起きていない時に、生命保険を買いに来るなんてことはありえないと信じられてきたのである。

生命保険の営業マンの仕事は、そうした潜在化しているニーズに、お客様自身に気が付いてもらうことであり、生命保険とは、そうすることで初めて購入される商品だと、長い間信じ込まれてきたのだ。

ところが、そんな生命保険の常識が崩れ始めている。今、生命保険販売の現場では、お客様が自ら積極的に来店型の乗合代理店の店舗に出向いて、情報を入手し、保険を買うという現象があたり前になりつつあるのだ。東日本大震災などで、人生のリスクを目のあたりにしたり、長引く不景気で、先行きの生活に不安を感じたりする人が増え、その不安に対し生命保険で備えるために、自ら生命保険を買いに動く消費者が昨今、増加しているのである。また、通信インフラが普及し、パソコンの前で人に会うこともせずインターネットで自分1人で生命保険を買うスタイルも定着しつつある。つまり生命保険のニーズは今や、「潜在化」ではなく「顕在化」し始め、消費者はそのニーズを満たすために、自ら生命保険を求めて行動するようになってきたのである。

このような状況は、金融庁の金融審議会「保険商品・サービスの提供等のあり方に関するワーキング・グループ」の2012年の議事録にも指摘されている。インターネットで閲覧すると、そうした消費者の動向について、保険の情報を、従来の1社の保険の営業マンからえるのではなく、2カ所以上からの情報を頼りにする人が増えていること、そしてその情報をもらう先として、代理店と答える人が増えているというような記載がある。

確かに、自社の保険商品しか売ることができない保険会社の営業マンでは、こうしたニーズが顕在化し自分で行動しているお客様に対応することは難しい。自分のニーズがわかっていれば、次は、より有利な条件で、ニーズを満たす商品を比較検討、選択する段階になるからだ。とりわけ、パッケージ化された商品売りを信条とする国内系の生命保険会社では、もはやそうした〝開眼した〟消費者に対応するのはほとんど不可能だろう。同様に、実は国内系のパターン販売と大差ない、オーダーメイド保険を売りにする外資系生命保険会社のコンサルティング営業でも、そうしたお客様の対応はもはや難しい（外資系生命保険会社の営業手法については第3章で説明したとおり）。

それに対して、乗合代理店であれば、複数の保険会社の商品を比較し、検討できる環境がある。最近では、来店型の乗合代理店チェーンが、大型ショッピングセンターの中などに、数多く進出し、お客様にとって敷居も低くなってきている。保険を比較したい人が、そこを訪れる機会が増えてくるのは、ある意味、必然的な流れだと思われる。

一方、インターネット上には、いくつもの生命保険の比較サイトが存在する。自分で条件を入力すれば、それに見合った保険などを簡単に比較できるし、ネット上で資料の請求もできる。またインターネットで通販をしている保険会社のサイトや、インターネット専門の生命保険会社のサイトでは、保険料や解約金などのシミュレーションも自由にできて、しかもそこで申し込むこともできてしまう。こうしたインターネットを利用した販売は、ある程度自分に知識もあって、営業マンにとやかくいわれたくない人には、もってこいのツールである。

さらにファイナンシャルプランナーと呼ばれる、お金の相談を専門とする仕事も、かなり一般的になってきた。彼らＦＰは、保険についての相談も受けるし、人によっては保険募集人の資格も持っていたりもする。しかし、ＦＰをどう使いこなすかについては、まだまだ一般の人だけでなく、資格を持っているＦＰ本人たちでさえもイメージしにくい状況である。

本書を通じて、これから新しい生命保険契約をする人には、ぜひ、自分の力で保険を選び、検討し、契約に結び付けてほしいと願っている。しかも、再三の繰り返しになるが、本書ですすめる新しい保険は、定期保険と収入保障保険というシンプルなものだけだ。自分で理解できるシンプルな保険を、自分で情報を入手し、自分で契約する。営業マン任せにしないで保障を手に入れる。そこから始めてほしいと思っているからだ。

そういうわけで、ここからは、従来の保険会社の営業マンにお任せにするだけではなく、彼らを使いこなし、他に乗合代理店やインターネット、ＦＰといった、新しい保険の販売チャネル、情報チャネルを、これから大いに利用して、自分にぴったりの生命保険を見つけ、契約するために、どんな注意が必要なのか、どういうやり方があるのかといったことについて、話をしたいと思う。

「約款」こそが生命保険の商品そのもの

ところで「生命保険は形のない商品だ」という言い方がされる。確かにそのとおり、生命保険という〝商品〟は、手で触ることも、目で見ることもできない。だからこそ、保険の営業マンはお客様に商品をイメージさせることが大切なのである。実際、「もし、明日あなたが高度障害になったら……」とか「がんになるのは2人に1人だから……」ということをお客様に話し、危機をイメージさせ、営業マンは生命保険の販売につなげようとする。そこに誇大なイメージや間違ったイメージが入り込みやすいのも事実。というよりも、そこに意図的に誇大なイメージを埋め込んでお客様の危機感を煽り、保険商品を売るのが、保険会社のやり方だといっても、あながち間違いでもなさそうである。

しかし、よく考えてみると、保険というのは、あくまでも、「ある条件になった時にお金を支払う」約束、すなわち契約に過ぎない。だから保険は「買うもの」ではなく、「契約する」ものなのである。そしてその契約内容がきちんと書かれた唯一の書面が「約款《やっかん》」だ。

約款というと、細かい字で難しいことがぎっしりと書かれていて、誰も読まないものと思っている人が大半ではないだろうか。それどころか、保険を販売する営業マンですら、約款をきちんと読んでいる人は意外と少ない。とはいえ、先に説明したとおり、生命保険という契約は、あえていえば、約款こそがその商品の本体そのものであるともいえるのである。そして契約者は、この約款に書かれた約束を履行してもらうために、毎月保険料を支払うのである。だとすれば、契約する前に、その内容である約款をしっかりと読むか、あるいは内容について営業マンに隅から隅まできちんと説明してもらうのが筋というものではないだろうか。

保険販売の現場では、この約款の中の大事な部分だけを抜き出して作られた「ご契約のしおり」などをお客様に事前に手渡して、十分な説明をするというルールはあるものの、この「ご契約のしおり」ですら、ろくに説明もしない営業マンが多い。もしあなたが保険の契約を検討しているのであれば、この機会に、営業マンや代理店の担当者に約款を隅から隅まで説明させてみてはいかがだろうか。きっと、多くの営業マンはシドロモドロになること請け合いである。そういう部分から、本当にわかっている営業マンなのか、いい加減で信用できない人なのかが見えてくるだろう。

またもし信用できない営業マンが訪ねてきて、しつこい勧誘をされた時には、約款を逐一説明させるというのは、その営業マンを追い返す、有効な手段になるかもしれない。納得できない部分は、わかるまで質問しよう。

生命保険は、自分の人生を守る大事な「契約」なのだ。しかもそれは高額で長期間の契約でもある。契約前には、やはり最低限、その内容を知っておくのがあたり前だろう。これからは約款とまじめに付き合ってみるのも、間違いない保険選びの第一歩になるだろう。

国民生活センターに苦情多数！　銀行窓販に要注意！

金融の自由化により、銀行や証券会社でも生命保険が売られるようになってはや10年以上になる。こうした銀行による保険販売のことを、慣用的に「銀行窓販《ぎんこうまどはん》」と呼ぶが、別にだからといって、銀行の窓口に限定するわけでなく、銀行員がお客様のところに出向いて保険を販売しても、それは銀行窓販なのである。保険会社にとっては、この銀行窓販は大きな販売チャネルであるが、昨今、この銀行窓販でのトラブルが急増。国民生活センターにも数多くの苦情や相談が寄せられている。

このトラブルの元は、一時払い系の終身保険。一時払いとは、保険料を一括で支払うタイプの商品で、それが人気となる理由は、ひとえに金利が高いことである。例えば、大手銀行で1000万円を10年ものの定期預金に預けると、その利回りは0・12%。つまり年間で1万2000円の利息が付く。一方、同じ1000万円を一時払いの終身保険に入れると、10年後の解約時には1060万円程度を受け取れる。これは年利約0・58%程度になる計算だ。つまり定期預金に預けるよりも、約5倍もお金が増えるわけだ。

そこで銀行は、退職金でまとまったお金を受け取った人や定期預金の満期を迎えた人などを中心に、数百万円〜1000万円単位で、この一時払い終身保険をすすめ、高齢者を中心としたお客様に、飛ぶように売れてしまうというカラクリなのである。

お客様にすれば、銀行の窓口ですすめられるのだから「保険ではない」という認識があり、しかも銀行で売るものは「元本保証」であるという安心感もあることがトラブルの始まりだ。

販売する銀行にとっては、売れば5%程度の手数料が保険会社から入るという、濡れ手に粟の商売。相手が高齢者であることにも付け込んで、きちんと保険商品としてお客様に説明をしたのかどうか、担当の銀行員が、保険について詳しい知識を持ち合わせているのかどうかなど、怪しい状況で売った可能性も否定できない。

事実、国民生活センターに寄せられた苦情の内容を見ても、「預金だとの説明を受けて預けたのに」とか「すぐに解約すると元本割れするとは聞いてない」といったものが多く、多少、お客様の理解が足りなくても売ってしまうという状況が推測されるのである。

例えば、今、一時払いの終身保険に1000万円を入れると、まずそこから5％の手数料が差し引かれ、銀行に支払われる。すなわち、入金した1000万円は、いきなり950万円に目減りしたところから運用がスタートされるわけだ。この5％のマイナスは大きく、これをプラスマイナスに戻すだけで数年かかる。つまり、その間にお客様が解約すれば、元本割れとなってしまうわけだ。

「10年経った時に解約すれば、金利が60万円も付いてますよ。しかももしその途中で万が一のことがあっても、死亡保険金も付いてますから安心です」などといって契約させるのだろうが、そもそも死亡保険なのだから、そんなことはあたり前で、むしろそれを10年後の利息のことばかりに注目させて販売することが間違っている。

高齢者のお客様は、「近々お金が必要になるかもしれないが、その時は解約すればいい」位の軽い気持ちで、それまでの定期預金を、この一時払い終身保険に〝預け替え〟する程度の意識しか持っていない。そんな状況が、国民生活センターの苦情事例を読むと見えてくる。

また昨今の経済状況から考えると、年0・58%程度の商品に10年もの間、多額のお金を固定させてしまうことは、とてもリスキーである。というのも、これから先、日本の経済は、デフレ脱却、景気回復に向けて金融緩和を中心にした政策に舵が切られ始めたところで、具体的に年2%程度の物価上昇の目標も打ち出されている。もしこれが実現されれば、年0・58%程度の利息など吹き飛んでしまうだろう。つまり多少のインフレ懸念がある時に、低金利で固定することは大きなインフレリスクを背負うことになるのだ。

いずれにせよ、多様化する生命保険の販売チャネルの1つとして、銀行窓販はしっかりと機能している。しかも販売を担当する銀行員は、保険を売るというよりも、体のいい預金的な感覚でそれを扱っている可能性もある。銀行だからと安易に信用することは、保険の営業マンから保険を買うことよりも、場合によっては危険である。銀行から買っても、保険は保険。ならばやはり、信用すべきは営業マンや銀行員ではなく、自分しかいないのである。損をしたくなければ、保険を人任せにしないことである。

乗合代理店のおすすめは、信用してはいけない！

保険を営業マンから受け身で買うのではなく、自分で動いて買うための第一歩は、やはり乗合代理店を利用すること。勘違いしないでほしいのだが、乗合代理店で買えといっているのではない。複数の保険会社の商品を比較検討できる乗合代理店の機能は、お客様として利用する価値が高いということである。

保険の代理店には、１社の保険会社の専属の代理店や、複数の保険会社を扱う乗合代理店、さらに個人経営や法人代理店など、いろいろな経営形態があり、現在、個人、法人合わせて、約10万店が登録されている。

最近の傾向としては、生命保険も損害保険も扱え、その扱い保険会社数が生損保合わせて数十社にも上る大手の乗合代理店チェーンが、ものすごい勢いで全国に店舗展開しているのが特徴である。しかも、彼らはお客様に対して「中立」、「公平」を売り文句にしている。こうした店舗は、多くの場合、ショッピングセンターの一角などにあり、買い物ついでに足を運びやすいのも、消費者にとっては便利である。保険を比較検討したいお客様にとっては、ぜひとも「中立」、「公平」を逆手に取って、彼らを利用しない手はないのである。

しかし、この乗合代理店を上手に活用するのはいいが、その情報を、鵜呑みにすることはやめた方がいい。そのわけを知るには、乗合代理店というものの、経営について、少々、説明する必要がある。

乗合代理店の経営は、どうやって成り立っているのかというと、これは非常に簡単で、代理店契約をもらっている保険会社からの手数料収入がすべてである。つまりA社の保険商品をたくさん売れば、あまり販売実績のないB社よりも、より多くの手数料をA社からもらえるのが原理原則なのである。

またその販売実績次第で、代理店は保険会社から何段階もの手数料ランクを付けられている。同じ代理店でも、販売実績の高い保険会社の手数料ランクは高いので、ランクが低い他社からよりも高い手数料収入が入ってくるわけだ。そうなってくると、儲け優先の代理店であれば、自社と契約しているランクの高い保険会社の保険を多く売りたくなるのが自然の理というものだし、儲け優先とはいわなくても、やはりビジネスでやっている以上、収入の上がる方を売りがちなのはやむをえないことである。いくら数十社の保険会社の保険を扱える代理店でも、実質的に扱う保険会社は数社程度に絞られているという話はよく聞く。その背景には、そうした手数料ランクという、経営に直結する問題があるのだ。

『週刊ダイヤモンド』2013年3月9日号の「もう騙されない保険選び」という特集記事には、そうした大手乗合代理店の裏事情が赤裸々に書かれている。記事によると、

「来店型保険ショップの多くは、『中立』、『公平』の〝看板〟の裏で、こうしたビジネスモデルを構築、保険会社から莫大な手数料とインセンティブを受け取って急成長の原資としているのだ。(中略)こうした事態を重く見た金融庁も、これまで『野放し状態だった』(保険会社幹部)保険ショップについて、アンケートやヒアリングを実施するなど、実態把握に乗り出している」のだそうだ。

文中の「こうしたビジネスモデル」とは、乗合代理店チェーンが、特定の保険会社とのもたれ合いの中で成長してきたというもので、法外な手数料率や、表沙汰にはなっていない裏のインセンティブなど、特定の保険会社なしでは生きられない代理店のことを、特集では麻薬中毒患者に例えて「シャブ中」などと呼ばれている実態を描いている。

このような状況を見せられると、乗合代理店だからといっても、結局、おすすめされる保険は、その代理店に高い手数料を支払ってくれる特定の保険会社の商品に限られていた

りすることは、普通にありえること。乗合代理店を利用する時は、おすすめを信用するのではなく、あくまでもこちらが望む保険会社の比較検討の材料集めに徹する意識で付き合うべきである。お客様としては、自分が主導権を持って、代理店の利用できる部分をうまく活用し、代理店や担当者の質を見極めることが不可欠だ。そしてそんな時に、ＦＰを利用するという手もあるのではないかと私は思っている。

ＦＰは単独資格だけでは交通整理が仕事

ＦＰとは、その名のとおり、資金（ファイナンス）についてのプランを考えるのがその本来の業務だ。資金全般のアドバイザーなので、保険だけでなく、金融商品全般や税金のこと、不動産のこと、ローンのこと、さらに相続や事業承継、会社経営といったことに関して、広い知識が求められる。その知識や技能を客観的に評価するために「ファイナンシャルプランニング技能士」という国家資格が１級から３級まであり、ＡＦＰやＣＦＰ®という日本ファイナンシャルプランナーズ協会が認定する民間資格も存在する（ＣＦＰ®資格は、北米、アジア、ヨーロッパ、オセアニアを中心に、２０１３年２月現在で世界

23ヶ国で導入されている国際資格でもある)。しかし、一般の人にとっては、FPが何をしているかはよくわからないというのが、我が国の実情ではないだろうか。

ただいずれにせよ、それらの資格だけを持っていても、FPの仕事は、あくまでも〝交通整理役〟に徹するだけで、お客様に最後までソリューションを提供することはできない。つまり、お客様からの相談を受けても、保険契約が必要なら保険募集人を紹介しなければ保険は販売できないし、税金に関する処理が必要なら税理士を頼まなければならない。登記が必要となれば、司法書士、訴訟になるなら弁護士を紹介する等々。自分はあくまでもその前段階でお客様の話を聞き、それを専門家につなぐことが役回りの仕事なのである。そういうわけなので、FP資格を持って仕事をする人は、結局、FP資格の他に何か自分の専門資格を取ることが多くなるのだ。

保険の営業マンや代理店には、FPの資格を持っている人が〝パラパラ〟と存在する。しかし、彼らは、FPとしてせっかく中立的な立場でお客様の保険相談ができても、最後の契約にいたるまで、その中立性を維持することができない。その契約による手数料で生業をえている以上、実入りの多いものをどうしても売ってしまうという、バイアスのかかった判断をしてしまうからだ。

なので、できればそうしたバイアスのかからない、純粋にＦＰ業務に携わっているＦＰに、「相談料」というフィーを支払うことで、乗合代理店が出してきた提案を客観的に分析してもらったり、場合によっては、一緒に乗合代理店で話を聞いてもらったりするようなことができれば、保険業界は今よりもずっとよくなるのではないかと私は期待しているのである。

保険という業界には、今のところ、結局、保険会社と利害を一致させる関係者しか存在しない。代理店といえども、それはあくまでも保険会社の代理であるし、ＦＰといえども、保険募集人の資格を持てば、結局は、保険会社の手数料で生活することとなる。だから、あえて、ＦＰの人たちには、そうした利害関係から離れて、相談料をもらうことで、お客様側の代理人として活動してもらいたいのである。

海外には、そうしたお客様側の代理人たる保険エージェントという販売システムがあるが、日本ではまだまだ一般的ではない。だからこそ、日本では、ＦＰを自分のエージェントとして活用する方法が有効なのではないかと考えるのだ。もし自分の知り合いにＦＰがいたら、人生に１、２度位しかないだろう生命保険の見直しの時位は、相談料を支払ってでも、自分のエージェントとして意見を聞くというのも、手段としてありうると思うのだが、いかがだろうか。

　私自身もＦＰ資格を持つ保険の代理店である。なので、お客様から相談料を取り、保険会社から手数料をもらうという二重取りのようなマネはできないが、幸いにも、私は保険を生業としないビジネスモデルで生活しているので、比較的、中立・公平な立場でお客様と向き合えているのではないかと自負している。自分にとって最適の保険に入りたい人のためにも、日本でＦＰがもっと活躍できるステージができることを切に願っている。

ネットメディアによる保険情報の収集

　乗合代理店やＦＰを利用することに比べ、インターネットを使った生命保険情報の収集は、とても敷居が低い。誰でもいつでも簡単にアクセスできて、しかも必要なら契約まで可能な状況が整ってきている。保険の条件を入力すれば、複数の保険会社の保険料の比較もできるし、保険の基礎知識や仕組み、詳しい商品内容なども調べることができる。資料請求も簡単にできるのが利用者には大変魅力的である。

　しかし、ここでも注意が必要なことがある。例えば、比較サイトと呼ばれるサイトには、

「生命保険の人気ランキング」といった順位付けが表示されていることがあるが、これは特に論理的な根拠がないものが多いのだ。というよりも、実は閲覧者からの資料請求の多い順に並べただけのランキングだったりするので、最初から信用に値しない情報もある。

インターネットで資料を請求するのは、ほとんどが素人だし、しかもなぜ資料を請求したかというと、「テレビＣＭで見かけたから」とか「名前に聞き覚えがあった」程度の理由が多いのだ。つまり知名度の大きい商品がランキング上位に来ているだけということだったりする。

とはいえ、このランキングを別とすれば、インターネットは今や、非常に有効で強力な保険情報の収集ツールである。保険会社によっては、ネット上にかなり細かな契約情報などをディスクローズしているし、保険の約款をネットに公開している会社すらある。保険料や解約返戻金のシミュレーション・ツールも用意されていたり、さまざまな統計情報も知ることができたりするのだ。私のようなプロでも、保険情報の入手先として、インターネットの情報源は今や欠かせないものとなっている。

他方、役に立つ保険のランキングを知りたければ、経済専門誌の生命保険特集などに注目するのがいい。『日経マネー』、『週刊ダイヤモンド』、『プレジデント』、『週刊東洋経済』

など、経済専門誌は数多くある。そしてだいたいどれも年に1～2度は生命保険特集をやっているものだ。記事は、編集部員や保険に強いFPなどが執筆し、さまざまな視点から、独自のランキングを作成したり、取材記事を紹介したりしている。こうした特集の中のランキングは、プロの意見なので、非常に参考になる。

自分で能動的に保険を買うとしたら、こうした雑誌情報にも、目を通しておくことは不可欠だ。

FPを自分のエージェントにすることから日本の保険が変わる!?

乗合代理店で比較検討し、FPの客観的な意見も聞き、インターネットや雑誌などで有効な情報もえることができる。かつて、〝生保のおばちゃん〟から唯一の情報をえて、保険に加入していた時代から比べると、現在のこんな状況は、生命保険を自分の力で選び、契約したいお客様にとっては、信じられないほど有利な状況になっている。

質の高い情報を十分に集めて、最後の契約だけは、インターネット専門の生命保険会社で行うというやり方も、非常に合理的で使えそうである。インターネット専門の生命保険会社は、営業マンの人件費をかけないで済む分、やはり保険料の面で大きな優位性があるので、若い子育て世代にとっては、強い味方になるからだ。

特に、本書が推薦するような、定期保険や収入保障保険だけを子育て期間のみにかけるのであれば、商品の仕組みもシンプルでわかりやすく、保険金の請求などの手続きも忘れることなく自分で済ませられるだろう。ことさら、人間を介した相談や手続きを求めなければ、インターネットでの保険契約は十分に現実的な方法だと思われる。

しかし、その反面、契約後の手続きや、何かあった時の相談など、やはり保険に入ってからも、自分の保険についてわかってくれる専門家がほしいと感じる人もいるかもしれない。そうした場合に、現在の日本では、契約者の立場になって考えてくれる専門家が存在しない。

乗合代理店には、保険のプロとして、契約者にとって、そういうスタンスで向き合うことを標榜しているところもあるが、それはかけ声だけで、なかなか難しいのが現実である。その理由は先にも書いたが、代理店はあくまでも保険会社の代理店で、保険会社の払う手数料で成り立っている組織である。そうである以上、どんなにきれいごとをいっても、契約者の側に純粋に立つことは不可能だ。

そうだとすれば、やはり今後は、いわば契約者側の代理人としての、FPの存在がクローズアップされざるをえないような気がする。今のところ、そうした顧問料ないしは相談料だけで生きていけるFPは、おそらく日本にはほとんど存在しないが、FPもそうしたスタンスに立つことを意識し、契約者も有料でFPに相談するという文化を築いていけば、いずれは、日本の生命保険も、これまでのような「無知な人が、もっと無知な人に売っている」という、救いようのない状態から脱却していくに違いないと思う。

最終的には、乗合代理店や、保険会社の営業マンを介して契約することになっても、契約するまでの信頼できる相談相手として、また契約後も、保険金の請求や税金、相続などの相談など、常に自分のエージェントとしてFPを使う慣習が日本に定着すれば、保険会社の体質も、保険商品の内容も、きっといい方向に向かうに違いないが、そのためには、保険を買う側の自立した行動が一番大きな力になると思うのである。

生命保険の契約は、とにかく人任せにしない。多様化する販売チャネルに翻弄されるのではなく、逆にそれを最大限利用して、必要最小限の保険に合理的に加入する。そうすることで、生活のリスクに備えるべき生命保険で、自らの首を絞めるような無益なことにならないようにする。「保険貧乏」なんて事態は、本末転倒、愚の骨頂である。生命保険はミニマムにスマートに活用して、ぜひ豊かな人生を実現してほしいものである。

エピローグ
——今あえて「マイナス思考」で生命保険を考える時

実は私は、これまで数多くのビジネス書を書いてきました。しかし、それらはすべてゴーストライターとしての書籍でした。今回、初めて、阿野頼久という自分の名前で本を出す機会に恵まれました。

私は経済誌などの編集記者として長く仕事をしてきたのち、日本の生命保険事情を何とか幸せな方向に変革させたい気持ちで、外資系生命保険会社に就職しました。経済誌の取材時に、日本の生命保険会社の「お客様を幸せにしない販売手法」に多くの疑問を抱いていたからです。そのあと、別の外資系生命保険会社に転職。乗合代理店で保険営業を経験したのち、独立してＦＰとして保険の相談業務をしながら、文筆業で暮らしています。

今までの営業体験から実感したのは、「生命保険への加入を保険会社主導で行っていては、結局、お客様にはいつまで経っても幸せは訪れない」というネガティブな感情でした。

生命保険は商品内容が非常に複雑で、かつて〝ニッセイのおばちゃん〟が自転車でセールスしていた昭和40年代頃には、消費者には情報提供も極めて少なく、ある意味、売り手のいいなりになって、ともすれば半分騙されるように契約を取られても仕方がなかったのかもしれません。

時は流れ、時代は21世紀となり、インターネットが各家庭に入り込み、それを使った専門の保険会社も登場。街角には、保険の情報をえるために気軽に足を運べる乗合代理店の店舗が姿を現し、ファイナンシャル・プランナーという、金融関係の相談を専門業務とする仕事も生まれました。保険を検討したい消費者には、自分で情報を手に入れ、自分の好きなルートを通って生命保険の契約に辿り着ける武器と選択肢は与えられたのです。

しかし、保険会社はこれまで同様、本当に消費者のことを考えた商品やサービスを提供しているようには私には思えませんでしたし、一方の消費者も、せっかく与えられた選択肢を十分に使いこなせているようには見えませんでした。それは、結局、消費者自身が、生命保険という商品に対して、従来と同じスタンスを取っているからだと思います。消費者が変わらない限り、保険会社は、旧態依然とした態度で、お客様の無知と、商品の複雑さを頼りに商売を続けられるからなのです。

本書は、そんな消費者が、自らの意思で自分の生命保険を変えていくための第一歩として、そのヒントにしてもらえればと思い書いたものです。多くの読者にとっては、おそらく現在は、過剰に生命保険をかけ過ぎている、〝生命保険太り〟をしている状況だと考え、まずは、そこから必要最低限の状態まで、保障を削っていくことから始めようと思いました。まず贅肉をそぎ落とすのです。そして精一杯落とすことを終えたら、初めて、最低限の必要な保険に加入する。そういう思考回路で書き進めました。保険を自分の手に取り戻すために、あえて「マイナス」から始めるという考え方です。

生命保険をできるだけシンプルに考えること。日本には現在、40社を超える生命保険会社があり、そこで売られている生命保険商品の種類は3000種類ともいわれています。しかし、3000種類といえば驚きですが、それらを分類すると、実はすべての生命保険はたったの3種類になってしまうことは、さらに驚きです。

この3種類は、「生命保険の3つの基本形」と呼ばれ、「定期保険」、「終身保険」、「養老保険」が、その内容です。本書では、その3種類の中で、「定期保険だけに入ればいい」と主張しています。ある限定した期間だけ、ある限定されたお客様だけが、定期保険を契約する。それで生命保険は十分なのです。

贅肉をそぎ落とすマイナスのプロセスの中で、きっと読者のみなさんは、自らに与えられた選択肢の使い方を身に付けていくのではないか。そうして、徐々に、自ら生命保険を考え、今度は、そのノウハウをプラスに転じていけるのではないか。そんな期待を持って、この本を書き終えました。

日本の生命保険を変えていく力は、読者１人ひとりの意識であり、行動力です。みなさんの力で、日本がよりよく変わることを、そして生命保険に大きな変革の時代が来ることに大きな期待をしています。また、私の大学時代の友人にも、生命保険会社の幹部として働いている人が何人かいます。生命保険会社には、優秀な人材が多く存在します。彼らが、本当の実力を発揮して、日本の生命保険会社が本当のすごさを見せてくれる時を同時に期待したい気持ちです。

最後になりましたが、ＷＡＶＥ出版の玉越直人社長、編集担当の磯脇洋平氏に、心からの感謝を記したいと思います。また最後まで、この拙い原稿にお付き合いいただいた読者のみなさん、本当にありがとうございました。

２０１３年５月

阿野　頼久

フコクしんらい生命保険株式会社

お客さまサービス室　0120-700-651

富国生命保険相互会社

お客さまセンター　0120-259-817

プルデンシャル生命保険株式会社

カスタマーサービスセンター　0120-810-740

マスミューチュアル生命保険株式会社

カスタマーサービスセンター　0120-817-024

マニュライフ生命保険株式会社

カスタマーサービス部

0120-063-730（コールセンター）

0120-925-008

（変額年金カスタマーセンター／投資型商品カスタマーセンター）

三井住友海上あいおい生命保険株式会社

お客さまサービスセンター　0120-324-386

三井住友海上プライマリー生命保険株式会社

お客さまサービスセンター　0120-125-104

三井生命保険株式会社

お客様サービスセンター　0120-318-766

みどり生命保険株式会社

顧客サービス部　コールセンター　0120-566-322

明治安田生命保険相互会社

コミュニケーションセンター　0120-662-332

メットライフ アリコ（メットライフアリコ生命保険株式会社）

お客様相談部　0120-880-533

メディケア生命保険株式会社

コールセンター　0120-315-056

ライフネット生命保険株式会社

コンタクトセンター　0120-205-566

楽天生命保険株式会社

カスタマーサービスセンター　0120-977-010

（公益財団法人生命保険文化センターのホームページより）

第一生命保険株式会社
第一生命コールセンター　0120-157-157
第一フロンティア生命保険株式会社
お客さまサービスセンター　0120-876-126
大同生命保険株式会社
コールセンター　0120-789-501
太陽生命保険株式会社
お客様サービスセンター　0120-97-2111
チューリッヒ・ライフ・インシュアランス・
カンパニー・リミテッド（チューリッヒ生命）
お客様相談室　0120-860-129
T&Dフィナンシャル生命保険株式会社
お客様サービスセンター
0120-302-572（金融機関を通じてご加入のお客様）
0120-301-396（旧営業支社を通じてご加入のお客様）
東京海上日動あんしん生命保険株式会社
総合カスタマーセンター　0120-016-234
東京海上日動フィナンシャル生命保険株式会社
カスタマーセンター　0120-652-104
日本生命保険相互会社
ニッセイコールセンター
0120-201-021（生命保険のお手続きやお問合わせ）
ネクスティア生命保険株式会社
（2013年5月14日よりアクサダイレクト生命保険株式会社）
カスタマーサービスセンター　0120-953-831
ハートフォード生命保険株式会社
お客様相談室　03-6219-3910（直通）
ピーシーエー生命保険株式会社
お客様コンタクトセンター　0120-272-811
PGF生命（プルデンシャル ジブラルタ ファイナンシャル生命保険株式会社）
コールセンター
0120-562-269（金融機関等を通じてご加入のお客様）
0120-282-269（旧大和生命でご加入のお客様）

生命保険会社　相談窓口一覧（五十音順）

アイエヌジー生命保険株式会社
　　サービスセンター　0120-521-513

アクサ生命保険株式会社
　　カスタマーサービスセンター　0120-568-093

朝日生命保険相互会社
　　お客様サービスセンター　0120-714-532

アフラック（アメリカンファミリー生命保険会社）
　　コールセンター　0120-555-595

AIG富士生命保険株式会社
　　総合サービスセンター　0120-211-901

NKSJひまわり生命保険株式会社
　　カスタマーセンター　0120-563-506

オリックス生命保険株式会社
　　カスタマーサービスセンター　お客様相談窓口　0120-227-780

カーディフ・アシュアランス・ヴィ（カーディフ生命保険会社）
　　お客さま相談室　03-6415-8275（直通）

株式会社かんぽ生命保険
　　かんぽコールセンター　0120-552-950

クレディ・アグリコル生命保険株式会社
　　カスタマーサービスセンター　0120-60-1221

ジブラルタ生命保険株式会社
　　コールセンター　0120-372-269

住友生命保険相互会社
　　コールセンター　0120-307-506

ソニー生命保険株式会社
　　カスタマーセンター　0120-158-821

ソニーライフ・エイゴン生命保険株式会社
　　お客様サービスセンター　0120-966-066

損保ジャパン・ディー・アイ・ワイ生命保険株式会社
　　コールセンター　0120-370-475

阿野頼久（あの・よりひさ）

札幌市生まれ。一橋大学卒業後、経済誌・ビジネス情報誌の記者となる。その取材を通じて、生命保険の販売方法やあり方に矛盾を感じ、実態を自分の目で確かめるため外資系生命保険会社に転職。複数の外資系生命保険会社の勤務、乗合代理店での営業を経て、保険代理店として独立。保険やビジネスのジャンルで取材・執筆活動をしながら、ファイナンシャルプランナーとして、とことん顧客目線に徹した生命保険の相談・販売活動を実践している。

ムダな保険料は払うな！
おカネが貯まる保険節約生活術

2013年5月30日　第1版第1刷発行

著者　阿野 頼久

発行者　玉越 直人
発行所　WAVE出版
〒102-0074
東京都千代田区九段南4-7-15 JPR市ヶ谷ビル3階
Tel 03-3261-3713　Fax 03-3261-3823
振替 00100-7-366376
E-mail　info@wave-publishers.co.jp
URL　http://www.wave-publishers.co.jp

印刷・製本　中央精版印刷

デザイン　ウチカワデザイン
章扉イラスト　ケン・サイトー
DTP　NOAH

ISBN 978-4-87290-613-4　NDC 339 207p 19cm